Les Archétypes   Un Temps - Numéro Un Juin 2018

Un Temps N°1

ISBN : 978-2-9567144-0-8

SOMMAIRE

EDITORIAL 3
Charles Imbert

LES ARCHETYPES, SUBSTRAT
DE L'INCONSCIENT COLLECTIF 6
Gilbert Bonnefoy

LA GNOSE OCCULTEE 17
Johan Lamant

LE RETOUR DES DIEUX 29
Eric Hermblast

HEROS, DIEUX, GENIES 40
Michel Barster

LA CONTAMINATION
ET LA CONCATENATION
DES ARCHETYPES 54
Charles Imbert

ACTUALITES 67

LES ARCHETYPES A LA
BASE DE LA STRUCTURATION
DE LA MATIERE 68
Yves Le Maître

CRITIQUES LITTERAIRES 81

CHARTE DES CONTRIBUTEURS 84

EN CONCERTATION AVEC ECLOSION, NOTRE EDITEUR :

Un Temps est une revue à périodicité aléatoire (trimestrielle ?), qui comptera au moins un numéro par an, selon son gré et ses envies. Les Contributeurs de Un Temps ne s'obligent à rien, sinon à la plus haute qualité qu'il soit possible de donner à leurs apports.
En conséquence de notre liberté, il n'existe pas et n'existera pas d'abonnement(s).
Un Temps sera annoncé sur le Site internet d'Eclosion, et sur différents supports. Ce sera au lecteur d'aller se renseigner au cas où il penserait qu'un nouveau numéro a pu sortir. C'est peut-être anti-marketing, mais la qualité est à ce prix. Nous considérons que l'acte d'Achat d'un lecteur est un acte unique.
De même, chaque numéro est un acte unique.

Un Temps est édité par **Eclosion**
10, rue du Fort, 62124 Barastre.
Site Internet : www.eclosion-shop.fr
Adresse mail : postmaster@eclosion-shop.fr
Dépôt légal été 2018

Comité de rédaction : Charles Imbert, Yves Le Maître, Serge Fosse, Michel Barster.

Thèmes des prochains Numéros :
Automne 2018 : Défunts et NDEs
Hiver 2018 : La Réalité
Printemps 2019 : La Fécondité

EDITORIAL

L'art amusant de l'éditorial d'un N°1, aussi valable qu'un autre nombre

Le mot archétype fait de nos jours référence à l'œuvre de Carl Gustav Jung (1875-1961) philosophe suisse germanophone qui gagna sa vie en exerçant la médecine psychiatrique. En tant que psychologue auteur de plusieurs théories essentielles sur l'interprétation du continuum vécu par l'homme (au contraire d'autres branches analysant le vécu comme formateur des interprétations – telle la branche freudienne), les archétypes ne sont pas les seuls apports à une nouvelle *Physique psychologique*, puisque Jung a été amené à formuler de nouvelles conceptions para-chronologiques (les synchronicités) ou à renvoyer les pôles femelles et mâles (anima/animus) à des niveaux supérieurs du monde nouménal.

« Monde nouménal » est une formule pour évoquer un monde qui serait différent du monde phénoménal, celui dans lequel nous vivons. En fait ces deux mondes co-existent bien, le nouménal pouvant être vu comme la qualité et le phénoménal la quantité, pour prendre une analogie très-très grossière. Une autre approche serait de considérer l'Univers, ou la réalité physique, comme une densification d'une fine énergie spirituelle, primaire à défaut d'être élevée ou raffinée ou essentielle (mots ouvrants à d'autres référence). Ce monde purement constitué d'énergie psychique primordiale fut nommé Alaya, Noos (Anaxagore), Intellect (Platon) ou encore Akasha, l'énergie fine constituant ce monde recevant les noms bien connus de Od, Télesma, Prâna, Qi, etc. (la liste peut en être fort longue).

Ce rappel de concepts était nécessaire pour présenter les Archétypes, dont une seule définition claire et précise n'existe pas, puisque même en parlant de « nœuds dans le champ psychique », il faudrait définit ces nœuds ou concentrations, définir le champ, définir le psychisme.

On trouvera communément l'idée que les archétypes sont les matrices de complexes, de modules symboliques, voire même des *structures universelles* (Larousse). Il est en effet clairs qu'ils seraient les "principes des principes" (ce pourquoi on les assimile à l'Eidos platonicien, l'Idée formatrice), avec de plus ce mystérieux caractère d'Arché, qui veut dire ancien, sous un aspect antérieur, légitimant autorité et légitimité.

René Descartes utilisait déjà le mot Archétypus dans ses méditations, rappelle Jean-Loïc Le Quellec, auteur d'un ouvrage fort polémique *Jung et les Archétypes, un mythe contemporain* (2013), dans lequel il relève d'autres usages de ce mot, déjà présent en français au XIIIe siècle, toujours avec son sens de modèle formateur, dès ses origines semble t-il.

Un autre trait important de l'archétype est sa charge énergétique propre, qui rend son accès direct assez foudroyant, d'après divers cas contés par Jung pour bien préciser qu'avec l'archétype, non seulement on ne plaisante plus, mais qu'on est branché en ligne directe avec la Source ultime.

Rien ne pouvait mieux convenir au n°1 d'une revue d'Études sur la Spiritualité que le patronage (et le patronnage) des archétypes. Si Un Temps est né de la réunion d'esprits modernes intéressés par d'autres visions et enquêtes que les sempiternels panoramas déjà balisés, avec un premier numéro à notre sens aussi réussi (je nous jette des fleurs en écrivant ce billet alors que le n° est enfin bouclé !), nous devons tout espérer pour notre entreprise…

Premier article de ce numéro appelé à faire référence, et qui sera sans doute de nombreuses fois cité et pris en main, la contribution d'un professionnel, analyste jungien, LES ARCHETYPES, SUBSTRAT DE L'INCONSCIENT COLLECTIF. Cet article dépasse les vues convenues pour nous confirmer que l'inconscient collectif est visible, prend forme, s'exprime par les archétypes. Gilbert Bonnefoy a tout de suite compris qu'il pouvait s'exprimer au fond, et en même temps sa présentation servira d'introduction à tous ceux qui voulaient approcher les archétypes sans trop deviner l'étendue de leur domaine.

Second article, LA GNOSE OCCULTEE aborde la persistance de certains modèles ancestraux, archétypiques bien sûr, en ne remontant pas seulement à l'Antiquité, qui est en général prise comme source d'exemples, mais en remontant… au delà du Néolithique, jusqu'au Paléolithique. Bien sûr, on savait que l'homme de Néanderthal faisait de la musique avec nos 7 notes et 5 demis tons exacts (on a retrouvé une flute dans une sépulture), mais en outre, nos lointains ancêtres se débattaient comme nous autres avec les modèles de la Grande Déesse et de l'Anima, ou les modèles du Mage Instructeur et de l'Animus… Johan Lamant nous brosse ainsi un tableau d'ensemble, en s'étant retenu d'ouvrir sur des domaines qui lui sont plus personnels, comme le chamanisme ou les visites des réservoirs d'énergie…

Après une telle ouverture, il était presque logique d'envisager la nouvelle prise en compte, toujours annoncée, de l'expression des archétypes de retour dans nos Sociétés. Mais sous quelle forme ? L'article d'Eric Hermblast, LE RETOUR DES DIEUX, essaye de d'abord discerner quel pourrait être l'élan ou les cadres d'une nouvelle reformulation du divin dans nos proximités. De ce fait, en ayant semble t-il posé les bonnes questions, il se garde de conclure et nous invite à attendre qu'un élan majeur se manifeste, ou qu'une progression diffuse continue d'œuvrer pour structurer une spiritualité citoyenne de plus en plus insaisissable, et peut-être heureusement ingouvernable.

Pour nous aider à discerner ce que nous devons attendre, ou à quoi nous devons nous attendre, Michel Barster s'est livré à un peu de phénoménologie dans HEROS, DIEUX, GENIES, pour expliquer *de quoi il s'agit*, et ce que recouvrent ces mots-concepts devenus très flous. Ses définitions simples et séduisantes aideront à situer quels sont les modèles dans lesquels les archétypes viendront apparaître pour se reformuler, toujours de manière renouvelée et jamais dans des formes attendues ; ceci en appel à la création réelle, le "de Novo" qu'il se charge de nous rappeler.

Ensuite, bien sûr, il fallait bien qu'en outre et en plus de l'art de l'éditorial, j'apparaisse moi-même pour donner quelque chose. Ma contribution a pour titre LA CONTAMINATION ET LA CONCATENATION DES ARCHETYPES, afin d'exposer les mécanismes de production des histoires, mythes, et la liaison universelle des modèles. Me basant, au delà de *Aïon*, sur un ouvrage de Marie Louise von Franz, (la célèbre collaboratrice de Jung) déjà connu à cause de mes études sur le Tarot, je me suis reposé sur ses exposés, sans aller trop loin dans la toile de fond qu'elle rappelle (synchronicités, a-causalités, représentations simultanées et multiples d'un puissant fond global) qui facilitent selon elle la vision transversale, par quelques personnes, de ce mystère de la divination qui intéressait déjà les Anciens (de Jamblique à Cicéron). J'ai pris grand plaisir à écrire un article à la première personne, loin des formules et circonvolutions syntaxiques de mes habituels ouvrages de présentations de recherches.

Enfin, Marie Louise von Franz ayant pressenti que les archétypes, comme modèles absolus, structuraient aussi la matière, le Président d'Eclosion, Yves Le Maître, s'est chargé d'exposer la réalité patente d'une telle organisation dans LES ARCHETYPES A LA BASE DE LA STRUCTURATION DE LA MATIERE. Bien sûr, c'est évident, puisque la matière c'est de l'esprit, la matière est organisée selon des archétypes (nombres et qualités). Connaissant ses recherches, je sais qu'il n'a pas passé la vitesse surmultipliée, gardant de la ressource en réserve. Nous n'avons ici qu'un début d'aperçu sur des développements de la collaboration entre la structure et le mouvement, qu'il aura traduit comme Intellect et Expression.

En somme et pour tout dire, nous espérons que ce numéro vous intéressera et édifiera, c'est notre plus cher désir.

Conclusion ? Comme disait Bergson (qu'on peut toujours rouvrir et lire, son psychologisme préfigurant bien des avancées) dans *Les deux sources de la Morale et de la Religion*, il y a quelque chose au fond de l'émotion et de la création, des ressentis globaux qui demandent une traduction et une expression. C'est, à mon sens, tout le devoir de l'homme et sa finalité : traduire l'inconscient collectif à l'aide de ses petites consciences en collaboration.

**Charles Imbert
Rédacteur en Chef**

LES ARCHÉTYPES SUBSTRAT DE L'INCONSCIENT COLLECTIF

Une présentation classique, en développements sur la base reconnue

Gilbert Bonnefoy - Psychanalyste

Plus de soixante ans après que CG Jung ait développé la notion d'archétype, il est de la dignité des analystes d'aujourd'hui d'en présenter une version en phase avec notre temps, accessible à l'entendement du plus grand nombre.

C'est ce que nous allons tenter de faire ici, en y allant par petite touches, de manière à être clair sans nécessairement vulgariser.

Première strate :

La première strate sur laquelle fonder notre approche pose qu'originellement, les archétypes appartenaient exclusivement au domaine de l'inconscient collectif.

Alors bien sûr, une fois que nous avons dit cela, il convient de préciser urgemment les contours de cet inconscient collectif, car si le contenant est flou, le contenu archétypal lui-même demeurera flou.

Si nous voulons nous représenter correctement cette notion, il nous faut passer par une analogie physiologique, telle que le système sympathique.

Penchons-nous particulièrement sur ces héroïques globules blancs qui donnent leur vie pour que notre santé prospère. Nous savons que leur motivation n'est pas d'ordre sentimental. Ce n'est pas parce qu'ils nous connaissent depuis l'enfance et qu'ils nous aiment de tout leur cœur qu'ils vont avec abnégation se faire tuer pour nous au champ d'honneur.

Ils le font parce qu'ils ont un contrat indéfectible avec la nature qui leur commande, comme elle commande à tous les autres champs de la biologie, de rendre possible l'expérience humaine en rendant un corps viable pendant quelques décennies.

Ce contrat est indépendant de toute valeur morale, les globules travaillent de la même façon pour les gentils bénévoles des restaurants du cœur que pour les affreux huissiers qui mettent les gens dehors à la fin de la trêve hivernale.

Une étude par Strates...
Photo : fotomelia-public-domain

Nous constatons que l'expérience humaine est rendue biologiquement possible par un ensemble de dispositions pan humaines, auxquelles l'homme, lui-même est étranger, ce qui en d'autres termes veut dire qu'elles se sont mises en place sans qu'on lui ait demandé son avis.

Conclusions ? Ces dispositions dépassent l'homme !

Elles permettent son existence, mais elles le dépassent : L'homme n'était pas présent au temps de l'origine du vivant, il n'était pas présent quand ses grandes structures se sont organisées, il n'a pas son mot à dire quant à l'heure à laquelle son cœur va s'arrêter de battre et mettre fin à son expérience corporelle.

Il n'y a donc aucun doute, il est vraiment dépassé, et la conscience de notre finitude autant que la conscience d'être objet, sont fondamentales pour bien saisir la substance de l'archétypal. Bien entendu, nous ne pouvons pas complètement établir de parallèle entre le biologique et le psychique, mais dès lors qu'au travers d'une analogie, nous pouvons mettre en relief l'existence d'un contexte panhumain, permanent et organisé, nous approchons d'assez près l'idée de ce que peut être l'inconscient collectif.

Toutes les cultures, toutes les religions, tous les modes de vie ont des équivalences dans leurs représentations du monde...

Nous parlons d'un "environnement-contexte", universel et structurant qui rend possible l'expérience que chacun d'entre nous peut faire de la vie. Sa partie visible opère dans la biologie, sa partie originellement cachée opère dans la psyché.

A ce stade, si tout le monde peut accepter l'idée de la panhumanité pour la biologie, puisque tous les Saint Thomas ne peuvent que la con-

« La Conscience... nous le rappelons, en tant qu'humaine est dépassée par l'archétypal. » Photo : fotomelia-public-domain

stater de leurs yeux, l'idée que le psychique puisse aussi être enchâssé dans une structure contraignante, limitatrice et collective peut agacer tous les libertaires de la pensée.

Pourtant, au risque de les décevoir, les faits sont les faits : Tant que nous sommes vivants et présents en ce monde, notre expérience psychique est elle aussi hébergée dans un contenant dont les structures sont mises en place par l'inconscient collectif. Tous les ressorts de cette expérience sont tout aussi universellement partagés par la psyché des hommes, que le sont les conséquences de la gravité pour leur corps.

Toutes les cultures, toutes les religions, tous les modes de vie ont des équivalences dans leurs représentations du monde ; la grégarité s'y retrouve toujours, la notion d'unité sacrée de la nation, de la tribu ou du clan, aussi. Les troubles mentaux divers sont aussi tous semblables en tout lieu, au sein de toutes nations et produisent les mêmes symptômes. Les grandes différences de développement et d'organisations des groupes humains les plus divers, ne sont dues qu'aux différents centres d'intérêts vers lesquels chacun se sont tournés en fonction de l'environnement qui était le leur.

L'inconscient collectif est à la fois la matière constitutive de ce que nous sommes, et les ressorts qui permettent la réalisation de notre potentiel en ce monde.

Deuxième strate :

Attendu que la nature de l'inconscient collectif, à savoir le contenant, nous est maintenant appréhendable, nous allons pouvoir nous intéresser de plus près aux contenus, les archétypes eux même. (1)

Pour cela, la seconde strate sur laquelle nous allons progresser consiste à bien poser le fait que les archétypes ne sont pas une simple vue de l'esprit.

Ils ont, en effet, une présence bien concrète et complètement jointive à la conscience. La place qu'ils occupent, en ce qui nous concerne, n'est nulle part ailleurs que dans la physiologie du cerveau.

L'inconscient collectif est à la fois la matière constitutive de ce que nous sommes, et les ressorts qui permettent la réalisation de notre potentiel en ce monde.

Enfin et surtout : Il convient de poser qu'en cas de conflit entre ces deux voisins, c'est le pot de terre contre le pot de fer ! Lorsqu'il est question de faire nos choix de vie, la voix de la raison est plutôt fluette tandis que la puissance organique des archétypes est tonitruante, au point de pouvoir paralyser et submerger la conscience, qui, nous le rappelons, en tant qu'humaine, est dépassée par l'archétypal.

Traditionnellement le commerce conscient/inconscient se produit en mode autogéré, par les bons soins de notre cerveau, qui, comme les globules et tout le système sympathique, obéit à la nature.

Si nous parlons de l'existence de ce commerce, c'est pour définitivement tordre le cou à l'idée que les archétypes ne seraient que des allégories diffuses et lointaine, que l'on ne rencontrerait que dans les concepts de philosophie ésotérique.

Ils ont bel et bien une chimie qui participe au biotope humain.

Pour en convaincre tout le monde, nous allons faire appel à quelques témoins dont le vécu est édifiant.

Ces témoins sont des personnes pour lesquelles le voisinage avec le monde archétypal est plutôt houleux.

Elles ont été diagnostiquées bipolaires.

En phases maniaques ces sujets sont littéralement projetés à l'état de veille dans le monde de l'inconscient et se trouvent exposés aux images primordiales de la psyché : les archétypes. Cet état de veille, qui par nature est dédié à l'action dans le monde conscient, n'est "outillé" que pour les besoins de sa fonction. Il ne possède ni les filtres qui protègent des aspects irradiants et fascinants des archétypes ni les décodeurs qui permettent de les comprendre. Les bipolaires en phase maniaque se retrouvent donc témoins hallucinés d'un spectacle dont les acteurs sont des principes psychiques actifs, porteurs d'injonctions aux dimensions inconnaissables car infinies. Ils se trouvent tout simplement saisis par une puissance dont ils pressentent l'importance et la portée sans pour autant pouvoir comprendre ou mesurer ce qu'elle est. Pour décrire ces moments, ils parlent parfois d'un savoir secret qui leur est donné. Les bipolaires ne connaissent pas ce qu'ils expérimentent, mais ils savent que c'est extraordinaire, que c'est au-delà de la portée commune et que tout y est intensément réel. Entre eux, ils se considèrent parfois comme des "initiés" ou tout au moins comme un groupe de personnes ayant vécu, avec le même rituel, des révélations venues de très haut et cachées au plus grand nombre.

Nous comprendrons mieux le sens de ces témoignages en les mettant en perspective avec ce que CG.Jung nous dit des archétypes.

« Les archétypes sont à la fois de nature symbolique et de nature organique ; ils fondent le patrimoine commun de l'humanité. Au niveau symbolique, ils sont des puissances qui caractérisent les principes primordiaux constitutifs de la nature humaine. »

Au niveau organique, l'archétype irradie selon son type. C'est l'irradiation de cette puissance qui en fait une ressource et un moteur, dont l'élan stimule notre libido dans le sens de notre réalisation.

Par contre, cette irradiation constructive peut se transformer en fascination et en sidération handicapante dès lors qu'il y a dysfonctionnement, ce qui conduit à tous les processus de dissociation et de régression que les littératures qui s'intéressent aux troubles du comportement décrivent en détail dans leurs jargons. " (2)

Disons donc merci à nos amis bipolaires qui jouent ce rôle d'explorateurs témoins. Tous ceux dont la conscience est ancrée dans le conformisme du réel et qui, hélas, n'accèdent jamais, ni par profondeur sensible, ni par intuition, ni par méditation ni par accident au territoire de l'inconscient, peuvent désormais, en les écoutant, percevoir la réalité objective des archétypes, tout ayant le grand confort d'éviter le face à face conscient avec eux !

Troisième strate :

Maintenant que nous connaissons le lieu de vie des archétypes, leur pouvoir organique, la réalité objective de leur existence, et toute la disproportion entre leur puissance et celle de la petite conscience humaine, nous allons proprement pouvoir nous intéresser à ce qu'ils sont, à quoi ils servent et à comprendre pourquoi ils sont comme ils sont au lieu d'être autrement !

Originellement, les tâches assignées aux archétypes pour servir de cadre à l'expérience humaine étaient peu nombreuses.

Il s'agissait de perpétuer l'espèce, parce que l'homme est animal, et de chercher un sens à la vie parce que l'homme est plus qu'animal.

De fait, les archétypes eux même étaient peu nombreux.

— L'archétype paternel, premier pilier, destiné à installer en l'homme le sens de la responsabilité envers les prochaines générations, et à générer la propension à orienter la conscience vers les notions :

o De protection au bénéfice des plus vulnérables.
o D'organisation par la hiérarchie.

Au fil du développement de l'être, de sa complexification et de l'élargissement de sa conscience, l'archétype paternel originel n'a plus suffit à inspirer tout l'éventail des préoccupations humaines. Il a donc essaimé en succursales spécialisées et indépendantes dont l'ADN trahit pourtant la filiation. (3)

Ainsi, nous voyons apparaître, chronologiquement parlant, l'ami-guide, première figure archétypale qui incite à accepter et même rechercher les métamorphoses des temps qui changent. Il permet de comprendre que l'on peut s'éloigner de son état initial tout en restant soi et accomplir un destin unique, médité quelque part, peut être hors de nous.

Il introduit l'idée que l'on peut suivre une voie personnelle, à distance du collectif, qui nous mènera à la fois à nous même, mais aussi à nous même devenu autre. L'ami-guide est le premier initiateur qui invite à l'individuation. Il nous dit, cet archétype, que la fidélité à ce que nous sommes passe par la différenciation du collectif et que l'individuation n'isole pas mais conduit à une autre communauté, celle d'êtres plus profonds et plus conscients.

Ensuite toujours dans la filiation de l'archétype paternel, apparaît la figure archétypale du mage. Il est celui qui a recueilli les secrets que la nature a confié aux générations et préfigure la mystique.

Il introduit la notion de confiance en l'insondable et la notion d'héritage, de transmission. Il encourage à se laisser gagner et instruire par ce qui nous dépasse. Il introduit la notion de coopération avec un aspect de l'éternel féminin qui peut être ressource et refuge, et qui de toute façon a propension à vouloir se lier au masculin. Il est le premier archétype à introduire la notion d'intégration du féminin en soi, ce qui explique son image peu typée, sexuellement.

Et enfin, en tant que référence mystique, apparaît la figure archétypale du grand ancêtre qui est la préhistoire du questionnement sur le mystère des origines. C'est cette figure qui introduit la notion de lignées et du statut de maillon que chacun d'entre nous occupe et par lequel il trouve toute sa légitime place dans le cosmos.

Cet archétype complète et parachève l'archétype paternel, il inspire l'idée que l'homme a rencontré son origine puisqu'il est lui-même devenu origine. C'est de l'inspiration de cet archétype qu'est né l'adage hermétique : Les hommes sont des Dieux mortels, les Dieux sont des hommes immortels.

— L'archétype maternel, deuxième pilier. Il installe en l'homme l'idée de refuge, base de la grégarité et de l'unité du groupe. Il apporte les notions d'accueil inconditionnel, de légitimité à être et de salut. Il est aussi le redoutable gardien du sacré, maître de la vie, ligne de séparation entre intériorité subtile et monde matérialisé. Il instille l'intuition de la présence d'une énigme logée dans l'intériorité et le sentiment de la puissance de son secret. Par ricochet, il inspire aussi la crainte du néant.

L'archétype maternel originel n'a plus suffit, lui non plus, et a aussi essaimé en succursales spécialisées, qui bien qu'indépendantes, sont toutes généalogiquement issues de cette racine mère.

Dans la lignée chronologique de l'archétype maternel, nous voyons d'abords apparaître un temple vivant. Il figure un collège de femmes. Cet archétype rayonne de ce qui est exclusif à la fertilité, de ce qui ne se transmet qu'entre femmes et qu'elles doivent protéger.

Il est le lieu qui abrite le serment inviolable que le féminin a passé avec le mystère. Il médite et inspire toute la vocation sensible que le féminin consacre au vivant.

Il faut d'abord se souvenir que le sujet de la pensée religieuse est bien à l'origine de la divergence irréconciliable entre Freud et Jung.

Dans le fil de l'évolution, nous voyons ensuite apparaitre l'archétype de la Sibylle. Il est l'archétype qui coopère par vocation avec le masculin sensible, il participe au dévoilement de ce qui est caché, à l'élargissement de la conscience, et surtout, il pousse le féminin à aller vers l'extérieur, à exister aussi, d'une manière plus individuelle, en dehors de son collège. C'est un archétype qui n'est jamais très loin de celui du mage et vice versa, comme des jumeaux. L'archétype Sibylle offre de la connaissance cachée au mage qui, en retour, lui offre du sens et encourage son émancipation.

Enfin, en tant que consécration de l'archétype maternel, apparaît la figure de la mère de l'univers que par facilité nous appellerons Demeter. Il est essentiellement l'archétype de l'intercession qui protège les êtres mortels de l'inflexible loi de l'infini qu'ils ne peuvent comprendre.

Cet archétype induit dans l'âme humaine l'émergence des principes de justice, de sagesse, de tempérance, d'harmonie, de confiance, de lâcher prise, d'absolu…Tout un package qui tend à laisser transparaître l'esprit de la loi suprême qui commande aux acteurs de l'inconscient collectif. Arrivé à ce stade, il me semble important de faire un petit aparté pour voir comment Jung se débrouillait lorsqu'on abordait des sujets aussi proches de ce qui est en général du domaine des religions.

Il faut d'abord se souvenir que le sujet de la pensée religieuse est bien à l'origine de la divergence irréconciliable entre Freud et Jung.

Freud ne se confronte pas à la question du mystère de l'origine c'est un sujet qu'il évacue complètement.

Pour lui, il y a le désir, le refoulement du désir, et la souffrance liée au refoulement du désir. Il insistait beaucoup pour que Jung se saisisse de ces mêmes axiomes sans rien y changer.

Or Jung ne pouvait pas accepter les limites de la pensée athée.

Il trouvait médiocre et décevant de fuir une question fondamentale à laquelle la dignité de l'intelligence commandait de répondre, et il a fini par s'émanciper de la doctrine de Freud pour mûrir ses propres réflexions, celles qui ont justement abouti à la notion de figures primordiales :

LES ARCHETYPES.

Pour autant, il a abouti à la découverte d'éléments universels et constitutifs de l'âme humaine sans jamais avoir prétendu œuvrer à l'instauration d'une religion.

La pensée religieuse, de Jung, se contente d'admettre trois choses : - Elle admet qu'il y a un mystère originel. - Elle admet que ce mystère est vivant. - Elle admet que ce mystère pense l'homme et le relie à un univers créé.

Si nous observons bien les choses, ce n'est pas la religion qui a permis à Jung de faire émerger la notion d'inconscient collectif à la conscience humaine, mais, c'est le refus d'écarter la pensée religieuse qui l'a permis.

A tout seigneur tout honneur, nous terminerons cette strate avec les vedettes du monde archétypal, les célébrissimes anima et animus.

Il convient de préciser que le psychisme est hermaphrodite et que de fait, chaque genre manifesté, homme ou femme, a dans l'inconscient un pendant autrement sexué.

Très concrètement, cela signifie que lorsqu'on est homme, on a en soi dans l'inconscient, un élément de personnalité féminin que l'on appelle anima et qui détient notre potentiel de sensibilité, d'intuition, de créativité, de douceur et plus largement de toutes les qualités que l'on attribue généralement à la féminité ;
et, lorsqu'on est femme, on a en soi, dans l'inconscient, un élément de personnalité masculin que l'on appelle animus et qui détient notre potentiel de réalisation au travers des qualités de logique, de raisonnement, d'autorité, d'affirmation de soi

Les critiques les plus furieuses et virulentes envers Jung – car il y en a – n'hésitent pas, au delà de la classique accusation de "Guru", (mot signifiant *Directeur Spirituel*) à prétendre qu'il aurait voulu créer une religion, invective improbable ne visant que
les représentations, les amalgames et les abus de ceux qui prétendent y lire cette *horrible* imputation (Ndlr).

Photo : gratisography.com

et plus largement de toutes les qualités que l'on attribue généralement à la masculinité.

Ils sont ce qu'on appelle des archétypes de liaison, ils permettent les relations entre les profondeurs de l'inconscient et la conscience, et cette proximité qu'ils ont avec la conscience font que ce sont eux qui se reflètent et se projettent le plus dans le monde matérialisé.

Ils sont les archétypes de l'érotisation, ce sont eux qui magnétisent la matière jusqu'à en faire un objet de désir.

D'une certaine manière, ils enchantent notre quotidien et tous ceux qui sont un jour tombé amoureux d'une personne ou d'un bel objet peuvent connaître toute la puissance de leur capacité à nous émerveiller et à nous donner des ailes !

Nous voyons bien se dessiner un monde gigogne qui fait flores à partir des deux piliers initiaux, au fur et à mesure que se développent les fonctions psychiques et qu'elles nécessitent davantage d'organes.

Nous voyons se structurer une organisation mythique enchantée par l'anima et l'animus qui, à ce stade, fait du monde matérialisé un royaume assez semblable à celui que Walt Disney recrée pour nous divertir !

Pour autant, le temps de l'enfance n'est pas éternel, il y a toujours un moment ou un vilain serpent vient se tortiller sous notre nez avec des suggestions très tentantes, auxquelles, bien sûr, on ne résiste pas, et on se retrouve bientôt comme Adam et Eve, à devoir travailler pour gagner notre pitance ou comme Prométhée à se morfondre d'angoisse après avoir eu la riche idée de voler le feu des Dieux !

Cela s'appelle devenir adulte et faire face aux conséquences de ses actes, ce sera l'objet de notre quatrième strate.

Quatrième strate :

Si pour les légendes la fin de l'innocence semble être le résultat d'une intention effrontée, pour la psyché, l'émergence de l'archétypal dans la conscience humaine est tout à fait mécanique. Il n'y a aucune chance de lui échapper dès lors que le cycle d'un individu entre dans ce cadran de vie.

Cela passe par la voie des instincts, au travers des hormones qui changent la biochimie de notre corps et qui font qu'un beau jour nous devenons capables de procréer.

Nous cessons alors d'être des petits anges pleins de fraîcheur dont le regard innocent émerveille la galerie.

Nous devenons des êtres dont la pensée est désormais créatrice, pour ne pas dire procréatrice et dont les intentions pèsent sur la marche du monde.

Dès lors, tout devient enjeu et de nouveaux archétypes réservés aux adultes entrent en scène pour les besoins de la cause : Le trikster, l'enfant, l'éros, le messager, l'ombre, le Puer...et j'en passe !

Avec leur irruption dans la conscience, les archétypes ne sont plus cachés, ils sortent de leur statut collectif pour nous adresser des questions personnelles dont notre avenir dépend, et dès lors, l'individuation devient la clef de notre réalisation.

C'est uniquement parce que la question du devenir nous engage qu'elle nous consolide et nous enracine en tant qu'individu lorsque nous y répondons ; ce n'est qu'à partir de questions, auxquelles personne ne peut répondre à notre place, que nous nous révélons et que nous existons à part entière, et ici, on ne joue plus, tous nos choix ont des conséquences.

Quand l'archétypal nous questionne, on ne fuit pas la question, l'absence de choix, la fuite ou le dénie ne sont pas des options !

Dès lors que par la force des choses les archétypes s'invitent dans notre constitution, y posent leurs lois et nous interrogent, nous devons comprendre que les mondes s'interpénètrent. Ils

---

Toutes les tentatives de fuite, d'évitement ou de révolte conduisent à des troubles du comportement.

---

sont entrés dans notre monde et nous sommes entrés dans le leur. Ils sont comme nous et nous sommes comme eux, les hommes sont des Dieux mortels, les Dieux sont des hommes immortels. Par le fait, il devient de notre devoir de réaliser dans l'ici et le maintenant notre mythe personnel au fil des jours de notre vie.

A défaut de nous déterminer et d'assumer notre statut, nous lâchons le volant de notre « archétypalité ». Elle est laissée à l'abandon, elle part à la dérive et par gravité se laisse mécaniquement attirer par une masse plus volumineuse à laquelle elle s'agrège.

Ces masses psychiques opportunistes et « attrape tout » sont des mythes collectifs de naissance douteuse.

Dans la plupart des cas, s'y agréger c'est faire allégeance à une idéologie dont le nom se termine en isme.

Les moins dangereuses sont liées à l'immobilisme et font de nous les sujets hypnotisés des grandes messes médiatiques ; les plus dangereuses sont liées au fondamentalisme, elles dissolvent la conscience et externalisent l'intériorité.

En d'autres termes, elles projettent volontairement dans le réel ce que les bipolaires rencontrent involontairement en phase haute.

Mais les unes comme les autres détournent les braves gens de leur nature profonde à laquelle ils ne donnent plus droit.

Un tel renoncement leur fait engager tout leur potentiel au service d'intérêts privés. ils apportent alors avec naïveté le meilleur d'eux même à ceux qui, de toute façon, les méprisent et ne rêvent que de monopole et de toute puissance.

C'est ainsi que naissent les névroses et les dépressions ! Conclusion : Il me semble que concernant les archétypes, le point important est :

Ils existent, ils sont puissants, ils nous dépassent, ils nous questionnent et il n'y a ni moyen de se soustraire à l'épreuve, ni moyen de copiner avec eux.

Toutes les tentatives de fuite, d'évitement ou de révolte conduisent à des troubles du comportement.

Les plus bénins vont de la superficialité la plus confondante à l'égarement dans le labyrinthe d'un intellectualisme perché ; les plus aigus vont de la dépression dévastatrice à la perversion narcissique la plus inhumaine...

Il y a donc possiblement une certaine sagesse à accepter l'épreuve et à y faire face. Il y a peut-être une perche à saisir lorsque l'intériorité nous invite et nous dévoile ses secrets. Il n'est pas exclu qu'à force de s'intégrer à notre destin de mortel ils puissent faire germer en nous l'envie de nous intégrer à leur destin d'immortel. Il y a peut-être des passages à trouver, des portes à franchir, jusqu'à pourquoi pas, pouvoir nous aussi comprendre l'infini.

Gilbert Bonnefoy

1 - Les Archétypes n'appartiennent pas exclusivement mais composent exclusivement l'inconscient collectif. Nous avons toutefois choisi de présenter les choses en séparant contenant et contenu dans un souci de progression pédagogique, de façon à ne pas dérouter le lecteur dès les premiers paragraphes. De plus, en tant que l'un et l'autre, les archétypes peuvent aussi à bon droit s'analyser successivement en tant que l'un, puis, en tant que l'autre.

2 - Nous choisissons de faire un condensé "maison" plutôt que de citer Jung qui a toujours été abondant sans jamais être exhaustif concernant les archétypes. Il n'y a, à notre connaissance, aucun écrit de CG Jung qui soit suffisamment synthétique sur le sujet pour qu'il soit pertinent de le citer dans la contrainte d'un format court tel que celui de cet article.

3 - Si la filiation est bien réelle, l'ADN des archétypes n'est, évidemment, qu'une vue de l'esprit. Il s'agit juste de mettre en relief une trace que l'analyse a permis de déceler.

Gilbert Bonnefoy exerce en tant que psychanalyste à Paris dans le Xe ardt. et à la maison de santé de Plouray dans le Morbihan.

Retrouvez le sur le site de l'association **ETRE et DEVENIR**
https://etreetdevenir.jimdo.com/la psychanalyse au service de la cité

Etre et devenir a pour président Bernard Priet, Professeur à la retraite
Bernard.priet@gmail.com
Vice-président Fazia Tamaloust, ingénieur en activité - ftamaloust@hotmail.fr
Premier secrétaire, Gilbert Bonnefoy, psychanalyste en activité - trustee.land@free.fr
Deuxième secrétaire Flora Ringeval, réflexologue plantaire chinois en activité à Carhaix
flora.ringeval@gmail.com
Principaux contributeurs:
Edith, professeure en activité - https://etreetdevenir.jimdo.com/contact/
Benoit Mouroux, fonctionnaire en activité - bmouroux@yahoo.com
Le Tuault Loïs, psychanalyste en activité à Carhaix - letuault.loys@gmail.com

LA GNOSE OCCULTEE

Voyage dans d'anciennes compréhensions et extensions d'archétypes

Yohan Lamant - Tarologue - Spécialiste en Arts Martiaux

La Gnose Occultée
N'appartient à personne
Puisqu'elle est présente
Dans chacune de nos cellules.
Tout l'art est de se souvenir
De qui nous sommes
Et de laisser émaner
Eveiller la source...
Du mythe matriarcal de la deesse-serpent à l'Adn.

Les cultes liés au serpent dès la préhistoire

Dès le paléolithique avec l'apparition de l'archétype du dragon, puis nous le verrons plus tard au néolithique, avec culte à la déesse-serpent, les hommes ont eu un rapport très particulier avec les reptiles. Dans la tradition, le dragon est défini comme un animal hybride dont l'une des parties est celle d'un serpent, et qui est lié à l'eau et à la terre. Et une Partie ailée qui est liée au Souffle (l'air) et au feu. Il s'agit là de l'un des premiers archétypes objectivé par la conscience collective comme étant profondément particulier. Ce symbole sera repris jusqu'à la tradition hermétique occidentale. Mais aussi dans les contes pour enfants et les récits à la fois mystiques, chevaleresques et initiatiques ...

Cette image, ce symbole parle à tout le monde sur cette planète et un jour je me suis demandé pourquoi.

Avant d'entrer en matière comme on dit, j'aimerais poser quelques bases. Je sais c'est toujours un peu embêtant de lire un peu plus mais bien souvent ça vaut le coup.

Il y a environ 2.500.000 ans, l'émergence de la première espèce du genre Homo, *Homo habilis*, signe le début du Paléolithique. Celui-ci inclura l'apparition de notre espèce, *Homo sapiens*, il y a environ 200.000 ans à 300.000 ans, verra son expansion et l'effacement des autres espèces du genre Homo. Cette période s'achèvera il y a environ 12.000 ans avec la fin du Pléistocène (période géologique), le début du Mésolithique, mais aussi la fin de la quatrième glaciation, dite de Würm. Le Paléolithique correspond en fait à peu près 95% de la période d'existence de notre espèce, depuis son apparition jusqu'à aujourd'hui.

Le fameux Néolithique, venant après le Paléolithique et le Mésolithique, est une époque Préhistorique marquée par d'importantes innovations techniques et sociales (on a parlé de "Révolution du Néolithique"), découlant ou facilitées par l'apparition de l'agriculture et l'élevage, ces pratiques menant à la sédentarisation. Après une généralisation des outils en pierre polie, on voit apparaître les arts du feu (d'abord la poterie, puis la métallurgie), le tissage du lin ou de la laine, les boissons fermentées ainsi que des organisations sociales permettant l'urbanisation, donc la civiliation. Il est d'usage de parler du Néolithique comme du début de la Protohistoire (1).

Dans les aires géographiques envisagées, ces adoptions d'us sont assez rapides, vers ce que certains auteurs évoquent comme « l'apparition de l'homme moderne ». La néolithisation se manifeste cependant de manière progressive autour de divers foyers, à des dates différentes selon les régions. Si l'apparition de la Soie en Chine ou du Maïs en Amérique latine ne feront pas tâche d'huile, d'autres importants facteurs comme l'invention de l'écriture, vers 3.300 ans av. J.-C. dans le Croissant fertile, signeront la fin de la Préhistoire. Il reste à supposer que l'informatisation, de nos jours, est le prochain bond d'un Néolithique qui ne serait pas achevé.

Le dragon-Serpent

Julien d'Huy, auteur du très intéressant article *"Le motif du dragon serait paléolithique : mythologie et archéologie"* (1) ouvrira pour nous cette première voie de la problématique du Dragon-serpent par cette définition :

« Dragon : Nous adopterons la définition proposée par Vladimir J.A. Propp dans *Les Racines Historiques du Conte Merveilleux* : le dragon serait « l'assemblage mécanique de quelques animaux » (1983, p. 325), dont une part doit être reptilienne. Une telle définition inclut les dragons à deux têtes, pourvu que celles-ci soient situées l'une à côté de l'autre et non, par exemple, à chaque extrémité d'un serpent. Le dragon doit par ailleurs être lié à l'eau. »

La question qu'il faut franchement se poser est la suivante : Pourquoi le motif du Dragon apparait partout, enfin je veux dire sur tous les continents ? Ça c'est une question intéressante. Mais cette première question nous amène invariablement à la seconde :

Pourquoi ? Pourquoi un symbole vient sur tous les continents se révéler si profondément à l'humanité qu'il marque encore aujourd'hui les consciences ?

Nous allons examiner ces deux questions et leurs réponses seront très étonnantes...

Le motif du dragon est bel et bien ubiquiste, étendu sur tous les continents, ce qui indique soit une origine historique très ancienne, remontant aux premières migrations de l'humanité, soit l'existence d'un archétype, élément commun à la psyché de tous les hommes, ou si facile à imaginer qu'il vient spontanément à l'esprit.

Ou encore il s'agit là d'un élément laissé totalement à la vue, qui viendrait confirmer que tout le monde avait raison : les partisans d'un évènement majeur de L'Humanité ; Les partisans d'un archétype d'un combat entre des forces... Un élément qui mettrait tout le monde d'accord.

Cet élément, et nous argumenterons rassurez-vous sur ce point, c'est que nous stockons de l'information et que tout naturellement certains réseaux d'échange du flux de ces informations existent donc bel-et-bien. On pourrait avec la biologie moléculaire imaginer que notre ADN contient de l'information rétroactive ou des événements codés dans celui-ci destinés à permettre une mue...Une évolution.

Julien d'Huy, dans l'article pré-cité, nous retrace donc la diffusion mondiale du symbole-motif-mythe du dragon. Celui-ci, vu comme une chimère dont une bonne partie est celle d'un serpent, liée à l'eau, est né en Afrique, où on trouve encore amplement sa trace. Il relève en particulier qu'en Afrique du Sud, le serpent de la pluie serait lié à une très ancienne strate mythologique, antérieure à celle d'un homologue bovin qui fut sans doute introduit en Afrique australe par des éleveurs. L'idée de voir le taureau ou la vache liée à l'eau est une autre constante my-thologique que je n'évoquerai pas ici.

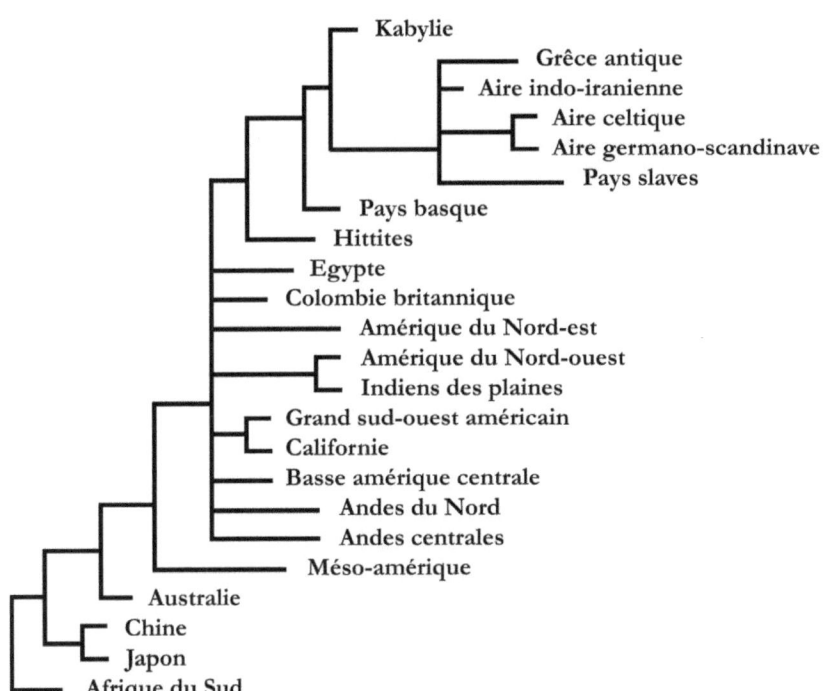

Arbre phylogénétique extrait des travaux de Julien d'Huy (ici avec l'aide de Mr. Bayes) illustrant la diffusion du dragon à travers le monde. L'origine est l'Afrique, avec un enracinement antérieur à Homo Sapiens. Chaque nœud, dans les travaux de J. d'Huy, indique un pourcentage de fiabilité, et la longueur des branches, hélas non respectée ici, devrait indiquer une évolution plus longue. Julien d'Huy travaille en outre sur les mythèmes.

Le dragon sortit d'Afrique par l'isthme de Suez, et par le Proche-Orient se porta jusqu'en Extrême-Orient, il y a 60.000 ou 80.000 ans, comme le posent des spécialistes, en dépit du fait que la plus vieille trace connue de dragon en Est-Asie remonte à vers -4.000 BCE (voir encart en pied de page).

D'Extrême-Orient, le motif descendit en Australie. Notre auteur relève deux hypothèses : la première, celle d'une diffusion trans-Pacifique, quasi simultanée en Amérique et Océanie, ce qui correspondrait avec la diffusion des haplogroupes du chromosome Y et le groupement de la Méso-américaine et de l'Australie dans l'arbre phylogénique de la diffusion. La seconde possibilité est la diffusion en Australie, par seconde migration, il y a au moins 8.000 ans, avant que le Sahul (plateau continental australien) ne soit à nouveau submergé ; cette datation allant avec l'âge estimé du serpent arc-en-ciel – que nous retrouverons – dans cette aire.

En Amérique, l'arrivée du dragon daterait du dernier Maximum Glaciaire, quand le détroit de Béring se traversait à pied, peut-être en deux vagues, la première (serait-elle trans-Pacifique ? - je n'ai pas de précision) en l'Amérique centrale, la seconde recouvrant l'ensemble du continent.

Une rétro-circulation du dragon s'opéra d'Extrême-Orient vers l'Inde, Proche-Orient, Afrique du Nord ; ce retour aurait débuté il y a environ 50.000 ans pour aboutir bien plus tard.

Notre auteur cité a noté qu'à la base du groupe phylogénico-mythique méditerranéo-européen se trouvent Égypte, Hittites, Kabylie, Pays Basque. Les populations de ces aires partagent de fait l'haplogroupe mitochondrial H, répandu en Afrique du Nord, Proche-Orient et Europe ;

> Un haplogroupe est un groupe d'haplotypes. Ceux-ci sont des séries d'allèles situés à des endroits spécifiques d'un chromosome.
> Les haplogroupes étudiés la plupart du temps en génétique humaine sont des haplogroupes du chromosome Y, et des haplogroupes de l'ADN mitochondrial. On emploiera les deux pour situer des populations génétiques : l'ADN-Y retraçant la lignée patrilinéaire, tandis que l'ADN mitochondrial marque la lignée matrilinéaire. Les hommes ont les deux haplogroupes (l'ADN mitochondrial de la mère et le chromosome Y du père) ; les femmes n'ont qu'un seul haplogroupe : l'ADN mitochondrial de la mère.
> En anthropologie, archéologie, généalogie, un haplogroupe identifiera un groupe humain ayant un ancêtre commun, par lignée patrilinéaire ou matrilinéaire.

celui-ci serait apparu il y a 25.000 ans au Proche-Orient, et serait entré en Europe par plusieurs vagues de migrations.

Enfin, Julien d'Huy nous évoque à quoi devait ressembler le dragon lors de sa formulation, avant la sortie d'Afrique de l'humanité : Le dragon est un énorme serpent, doté de la tête

> La plus vieille figuration de dragons en Chine est une étrange découverte réalisée dans l'ancien cimetière de Xishuipo, dans le Henan. Dans une sépulture, un superbe dragon (en compagnie d'un tigre – yang – et d'autres animaux, ou de deux autres dragons – yin –, selon les sources) composé avec grande habileté de centaines de coquilles blanches, tient compagnie à un défunt. On a été conduit à penser qu'il s'agissait de la tombe d'un haut personnage, la pyramide sociale étant elle aussi apparue au néolithique. Ce site, dit de Xishuipo, date de quelques milliers d'années, et ses dragons ressemblent à des figurations classiques, bien connues et quasi modernes. En tous cas, ceci démontre que le motif du dragon n'a pas progressivement éclos dans la culture chinoise à partir de modèles mythologiques d'abord primitifs et simplifiés. La complexité, l'élaboration de ces décorations sont au contraire l'indice d'une transmission précédente d'un modèle fort, le dragon en tant que figure totémique composite étant peut-être l'ancêtre de toutes les chimères (ndlr).

d'une autre espèce animale. Il a des cornes et des oreilles, parfois un pelage (? – ou une crinière, cette pilosité spéciale étant partagée par le lion, les équins et l'homme ? ndlr) et des écailles. N'oublions pas la fameuse perle donnant à son possesseur un pouvoir physique, qui deviendra l'escarboucle dans divers folklores qu'on veut penser récents. Le dragon peut aussi voler (c'est à dire se transporter soudainement - ndlr). C'est un dieu lié à l'orage ou une créature associée aux orages – comme le Mushussu mésopotamien, ndlr – ; et il peut aussi appeler des inondations. Il contrôle l'eau, la retenant ou faisant pleuvoir ; il est aussi lié à l'arc en ciel. Il vit à proximité ou dans l'eau (mais peut s'en éloigner) et ces eaux sont turbulentes. Doté d'une haleine empoisonnée ou fétide, il est vindicatif et sujet aux colères. Il monte la garde auprès d'un lieu ou d'une personne, souvent une source, et enfin son déplacement furtif le fait souvent assimiler au vent.

Le dragon fertile

Les Grecs ont crédité Cadmos de l'introduction en Grèce de l'alphabet phénicien ; selon l'historien Jon Christian Billigmeier, le mythe de Cadmos pourrait garder le souvenir d'une immigration sémitique en Grèce. Hérodote, qui rapporte ce fait, estime que Cadmos vécut environ 1600 ans avant lui, soit vers -2000.

Cadmos est aussi censé avoir fondé Thèbes en semant des dents de dragon… il fait ausi partie du mythe de Dionysos, toujours mal

Cadmos et le dragon.
Amphore à figures noires d'Eubée, v. 560-0-550 av. J.-C.
Dessin et Scan Yohan Lamant.

reconnu et mal accepté, ce dieu du carnaval et du travestissement, lorsqu'il n'est pas déguisé par Nietzsche, s'échappant comme un trickster fort complexe.

Cadmos relié à Dionysos, et redevenant mythique, sera en rapport avec Apollon tuant Python, le dragon menaçant Delphes : Apollon dieu de la claivoyance (Dionysos est celui de l'ébriété) donnera ainsi un nom à la Pythie…

Cadmos est à peu près la seule figure admettant un emprunt des Grecs aux cultures de l'Est… Ce qui pourrait aussi valider notre idée d'une symbolique liée à une migration, mais encore d'une connaissance également importée.

Et pas des moindres vue qu'il s'agit de l'introduction de l'alphabet.

Ces mythes sont des pistes vers les origines et les motifs de l'humanité à travers une persistance archétypale universelle.

Une autre céramique grecque nous montre Zeus combattant son frère Hadès pour le contrôle de la Terre. Hadès est peint comme un Serpent-Ailé (un dragon). Il est banni dans les mondes souterrains (le Hara la prison de chair).

Zeus et Typhon.
Autre figuration du Mythe. Zeus est reconnaissable à la foudre tenue en main droite. Typhon, dans la mythologie grecque, est le père de quasi toutes les monstres telluriques : Gorgones, Python, Chimère, Hydre, Sphinx, Cerbère... Associé aux vents, Typhon dieu des souffles destructeurs est devenu l'emblème moderne des cyclones. Retracé du dessin Yohan Lamant.

C'est aussi le Récit sumérien des dieux frères Enlil et Enkil : Enlil prenait le contrôle de la partie visible du monde. Tandis d'Enkil sous la forme du serpent ailé prend le contrôle des mondes inférieurs. On retrouvera là le duo Apollon - Dionysos, lumière supérieure et ténèbres.

Ces symboles et motifs ont laissé de très nombreuses traces. Nous aborderons à présent un important symbolisme qui s'y rattache, celui de l'arc en ciel.

Le dragon arc-en-ciel

Selon Gilles Wurtz, auteur de *Chamanisme celtique, Animaux de pouvoir sauvages et mythiques de nos terres* (Éditions Véga, 2014),

« Le nom de ce dragon est lié aux sept couleurs de l'arc-en-ciel qui sont également les couleurs de nos sept centres principaux d'énergie que l'on connaît de nos jours surtout sous le nom de "chakras". Il est tout à fait intéressant de remarquer cette similitude de couleurs en chaque être humain, mais aussi de pouvoir la percevoir dans la nature grâce au phénomène de l'arc-en-ciel.

Ces centres vitaux, alignés sur l'axe de la colonne vertébrale, sont, de bas en haut, rouge - à la base du bassin, dans l'entrejambe, il est orienté vers le bas -, orange - entre le nombril et les organes génitaux -, jaune - deux, trois centimètres au-dessus du nombril -, vert/rose - ai centre de la poitrine, à la hauteur du cœur -, bleu - logé dans le creux de la gorge -, indigo - "le troisième œil", car centré sur le front -, et enfin violet - sur le dessus du crâne, au niveau de la fontanelle.

Le dragon arc-en-ciel est ailé et les écailles qui recouvrent son corps sont animées de reflets éclatants aux couleurs de l'arc-en-ciel. Il était décrit volant dans le ciel, ses écailles jouant avec la lumière et les reflets du soleil, scintillant comme des multitudes d'arcs-en-ciel. Il était la joie, la beauté, le feu d'artifice qui enchantait le ciel. »

Les récapitulatifs de la symbolique de l'arc-en-ciel dans les mythes de l'humanité sont sur internet, aussi j'irai un peu plus loin...

Les artefacts primitifs ou chamaniques conjuguant serpents et couleurs de l'arc en ciel se retrouvent eux aussi tout autour du monde. Ondulation ou onde tout court (liée à l'eau), animal né du sol comme le ver (puisqu'il est un ver géant), le serpent est aussi capable de mue, et de rénovation tout en grandissant. Ici, un os polychrome gravé, destiné à évoquer ce type d'objets très répandus. Dessin Yohan Lamant.

Source / Chakras	New Age (???)	Leadbeater (1927)	Jean Varenne (1926-1997)	Campigny (1941)	Shatchakra Niroupana	Shiva Samhita (17-18e siècle)	Garuda Purana	Karma Purana	Brojendranath Seal (1864-1938)	Ajit Mookerjee
Sahasrara	Indigo	Indigo		Indigo	?	?	?	?	?	?
Ajna	Bleu foncé	Bleu foncé		Bleu foncé	Blanc	Blanc	?	?	Rouge	Blanc
Vishuddha	Bleu ciel	Bleu	Jaune pâle	Bleu ciel	Violet	Jaune	Jaune	Bleu ciel	Violet	Jaune
Anahata	Vert	Jaune	Gris	Jaune	Marron	Marron	Marron	Indigo	Rouge	Gris
Manipura	Jaune	Rouge	Rouge	Vert	Bleu ciel	Orange	Orange	Orange	?	Rouge
Svadhisthana	Orange	Irisé	Blanc	Rouge	Marron	Marron	Bleu ciel	Bleu foncé	Marron	Bleu ciel
Muladhara	Rouge	Orange	Jaune	Orange	Rouge	Rouge	Rouge	Vert	Violine	Rose parme

Ayant procédé à la citation d'un auteur des Editions Véga/Trédaniel, risquant d'indiquer qu'il prenait fait et cause pour les interprétations de celui-ci, et averti de la *Question* de la couleur des Chakras, notre collaborateur Yohan Lamant a plaidé la licence poétique. Par contre, la Rédaction de Un Temps, Revue d'Etudes Spirituelles, ne peut manquer de rappeler qu'on ne peut nullement prendre fait et cause pour un sytème de correspondance couleurs/chakras, et qu'aucun auteur n'étant fiable sur ce sujet, il vaut mieux chaque fois évoquer le sujet avec les plus intenses réserves. Voici par exemple un tableau donnant 10 sources crédibles, toutes très divergentes, sur ce sujet. Que l'auteur inconnu de cette recherche soit remercié, nous le saluons et permettrons de ce fait la diffusion ou la reprise de ce tableau public si édifiant.

La fameuse déesse crétoise aux serpents, extrêmement connue et interprétée de très diverses façons. Ici le serpent s'exprime en complément d'archétypes féminins variés, liés à la terre, l'agriculture, la fertilité, la danse... Dessin Yohan Lamant.

L'arc en ciel est un phénomène fascinant qui a toujours intrigué les hommes, de par sa beauté pure et le mystère de son apparition entre la pluie et le soleil. Les explications ou digressions que l'on peut trouver à son sujet sont en général fautives, incomplètes, sinon tronquées et erronées. Par exemple, il est faux d'avancer que c'est Isaac Newton qui aurait porté le nombre de ses couleurs à sept, ou inutile de faire de Galilée un prédécesseurs dans son analyse. Sur ce dernier point, c'est surtout Descartes qui a donné une interprétation correcte, ce qui fait en sus de lui un des pères de la diffraction, phénomène naturel affection des irisations ou certains cristaux, et qui était donc connu de toute antiquité.

Descartes expliqua donc le modèle de la réfraction du rayon solaire dans la goutte d'eau, se comportant en son intérieur comme un miroir concave, et ressortant en un autre point avec une nouvelle réfraction, ce rayon apparaissant alors comme un petit faisceau irisé. L'irisation est produite par les phénomènes de dispersion lors des réfraction, et le rayon perd de sa cohérence. Ce sont les diamètres des gouttes, très variables, qui influent sur la largeur et la coloration des bandes colorées, selon des calculs très complexes (qui furent donc poursuivis après Descartes).

Les arcs en ciel ont la direction du soleil pour axe, et il faudra noter que si le soleil est à moins de 42° au dessus de l'horizon, sa frange inférieure n'est plus visible. De même, si le soleil 'est à plus de 52° au dessus de l'horizon, c'est la partie supérieure de l'arc qui disparaît. Il y a en fait en général deux arcs, l'intérieur étant le plus important en intensité, avec le violet dans son intérieur, et le rouge à l'extérieur ; pour le deuxième arc, moins visible et extérieur, l'ordre des couleurs est inverse, le violet à l'extérieur et le rouge à l'intérieur.

Bien sûr, il n'y a que six couleurs, les trois primaires (rouge jaune bleu) et les trois complémentaires (orange vert violet). Le violet s'étendant au delà du bleu, on peut le réduire à celui-ci, comme Aristote qui prétendait qu'il n'y avait que cinq couleurs dans l'arc-en ciel, ou bien y distinguer un fallacieux indigo, de manière à porter le nombre des couleurs à sept, pour faire correspondre l'arc en ciel aux tons de la gamme musicale, et à d'autres systèmes symboliques. De plus, les noms des couleurs, et les concepts en découlant, prêtent à confusion dans les traditions de plusieurs langues dans diverses cultures. Par exemple, pour les Dogons du Mali, il n'y a que quatre couleurs : noir, rouge, jaune, vert.

Le symbolisme de l'arc en ciel a presque universellement été vu comme un phénomène reliant des mondes distincts, en particulier le visible et l'invisible. Il est intercesseur au premier chef, présenté comme un pont ou chemin céleste, sur tous les continents. Il est lié à l'archétype du mage ou du héros, seuls capables d'emprunter un tel chemin. Réunissant des points éloignés (et d'autant plus éloignés qu'en avançant, l'arc se dérobe, reculant tandis qu'on avance, il est avancé par certaines cultures que son extrémité touche un trésor enfoui. Qu'il soit "pont de Bifrost" (chemin tremblant) pour les Baltiques, ou "pont flottant dans le ciel " pour les Japonais, on retrouve cette idée de lien incertain, unissant et réunissant.

Dans la Bible, il est le symbole de la première alliance entre Noé et l'Eternel : « Quand l'Arc sera dans la nuée, je le verrai et me souviendrai de l'alliance éternelle qu'il y a entre Dieu et tous les êtres animés, en somme toute chair qui est sur la Terre. Dieu dit à Noé : « Tel est le signe

Le Serpentaire, la fameuse constellation disparue (il y a un début de 13ème lune dans l'année). En Égyte le Cobra de l'Uraeus étant censé guérir avec son venin, le serpent sera aussi l'emblème de la médecine, et le mythe du bâton d'Asclepios entrecroisera deux serpent sur le caducée d'Hermès. Dessin Yohan Lamant.

de l'Alliance que je mets entre moi et toute chair qui est sur la terre ». (Genèse, IX, 15). Il faudra remarquer deux choses : Dieu semble oublier que 97% de la biomasse terrestre est composée par les végétaux (il a demandé à Noé de sauver tous les animaux), et, autre détail d'importance, la seconde Alliance, celle de l'Arche, sera nommé Arche à cause de l'Arche de Noé nommée ainsi à cause de l'Arc en Ciel. Quant à la troisième Alliance, on sait qu'elle n'a pas l'air de fonctionner plus que les deux précédentes.

Premières constatations

Tout d'abord nous avons là un Symbole Moteur, une synthèse archétypale que l'on retrouve dans le folklore et les rites des populations sur tous les continents depuis des époques très reculées. Il est lié principalement à l'état liquide et à l'eau en particulier.

Il se présentera comme l'antithèse des archétypes solaires, mais tout aussi indispensable que le soleil. Si sans soleil les plantes ne poussent pas et l'agriculture périclite, il en sera de même par le manque d'eau. Le serpent, analogue à l'eau par le fait qu'il se coule, qu'il louvoie comme une rivière, et que son venin est liquide, devient le module premier d'une constellation de symboles qui le transforment en dragon.

Ensuite, bien sûr, personne n'a jamais vu de dragon. Il est fabuleux, donc mythique, mais alors qu'un mythe propose du vraisemblable à la place du véritable, le dragon s'éloigne dans les brumes des bestiaires exotiques ou disparus. Seuls deux autres animaux de son espèce ont connu une diffusion universelle, peut-être comme variantes de son thème : le Phénix et la Licorne, dont nous ne discuterons pas, tant l'un se relie au feu plus qu'à l'eau, l'escarboucle de la licorne rejoignant elle aussi le monde du dragon.

Le Souffle et l'eau sacrée chargés des énergies entrent dans l'antre profondément intime du corps du dragon agissant comme un catalyseur qui transmute le froid et sec en chaud et humide. Notre dragon est donc un Gardien de Source et un cracheur de Feu et il vit très longtemps pour ensuite renaître...

Mais il peut mourir et c'est là aussi un évènement tout à fait symbolique tant il essaie de nous décrire une résurrection.

Le serpent Arc-en-ciel arboricole, qui dans le rêve fait naitre le relief et les couleurs du monde, rappelle à la mémoire des hommes, la beauté, la vie et ses nuances mais aussi le caractère ambivalent et fugace de l'existence. C'est un révélateur de cette mémoire-là.

On nous parle d'un langage interne, métalinguistique et donc hermétique; totalement ou partiellement voilé.

Comment alors exprimer ce qui semble nous venir du sans fond d'une intuition ?

Il faut expliquer car il serait tout simplement impudique et hautain de venir d'emblée exposer le tréfond directement sans s'être soi-même laissé porter aux gré des pistes. Et voici que se dessine furtivement mais insidieusement vite sur le palimpseste qui nous sert pour l'instant de mémoire ; le Je mémoire de Nous.

Le Souffle et l'eau sacrée, chargés des énergies brutes (elles seront telluriques) entrent dans l'antre profondément intime et obscure du corps (et de la psyché ?) du dragon. Agissant comme un catalyseur qui transmute le froid et sec en chaud et humide.

Le Serpent un jour ou l'autre se transforme en bâton. De cette rigidité cadavérique pourtant il est dit qu'il peut en sortir. Le Bâton peut alors redevenir un serpent ? C'est ce que nous dit le Dieu de la montagne YHWH à travers le bâton de Moise, quand il s'agit de divertir Pharaon.

Parfois le Serpent dans le Mythe devient une flèche, une corde, une lance. Mais on voit bien l'idée ici encore de l'ambivalence du message qui se dessine derrière tout ca !

Notre dragon est aussi un Gardien de la Source et un cracheur de Feu et il vit très longtemps pour ensuite renaitre...

Le plus aérien des dragons est bien sûr le Phénix.

Sa demeure est un Grand Palmier Dattier, qui est situé au milieu d'une luxuriante forêt au Liban. Il est gardé par des centaines de Cèdres et d'Acacias. Lorsque 500 ans se sont écoulés et

---

L'obscur en nous n'est pas la bête à abattre, mais à apprivoiser

---

qu'il désire renaître sous la forme d'un successeur, alors le Phénix s'envole vers le lieu de sa Création, bien évidemment il s'agit d' Héliopolis, l'humide, la sèche, la sauvage où les Premiers guides adoraient déjà le Soleil dans sa courbe à travers le ciel. Ils l'adoraient dans un temple magnifique dédié à cet effet.

Au Milieu de ce temple, il y avait le feu sacré. Un feu métaphysique qui n'avait jamais été? allumé et qui de ce fait, ne devait jamais être éteint.

Mais il pouvait semble-t-il mourir ou plutôt migrer ce feu, comme le Phénix, dans la matière, à travers un étroit comme par exemple un corps. Et c'est là aussi un événement tout à fait symbolique tant il essaie de nous décrire une résurrection possible. Un grand miracle, le plus grand des miracles. Mais dans ces temps sans âge, les miracles n'étaient pas crus ! La magie et sa science oui. Dans cet être immortel, dans ce Phénix, comme en chacun de nous, est resté gravé sous le masque de la peur dans l'inconscient collectif. Ou mieux, gravé dans la mémoire de notre ADN cette information merveilleuse, qui n'a pas été comprise et intégrée, parce que peut-être, ce n'est pas le moment.

Reste depuis que le dragon est une créature cataloguée dans le genre « effrayant » dans les récits et les contes, c'est la bête à abattre. Ce monstre légendaire qu'il faut tuer au terme d'un combat titanesque pour délivrer la princesse (la matière où je pourrais muter en tant que Roi) et au passage récupérer le trésor (soi-même).

Souvenons-nous en, il y a toujours un fabuleux trésor derrière un dragon... Mais tiens nous qui parlions tantôt de l'arc-en-ciel, il y a, comme c'est étrange, parait-il de l'or aux pieds de ces jolies choses...

Je sens que le dragon-serpent est en train de donner du relief, des détails, de la couleur, à notre enquête. Vous remarquerez que tous ces éléments sont très facilement accessibles et dialoguent assez bien ensemble. Il ne nous a pas fallu faire preuve de beaucoup d'érudition jusqu'à maintenant pour assoir notre démonstration ; Nous avons fait comme notre « primitif » nous avons ouvert nos yeux ; fait preuve d'intuition et suivie le long Serpent sinueux du cours de la vie en regardant le monde à travers ses écailles.

Conclusion

Toutefois le dragon, si ancien et archaïque, est resté gravé sous le masque de la peur et de l'effroi dans les représentations collectives. Enfin non pardon, gravé dans la mémoire de notre ADN plutôt. Quasi atavique.

Parce que cette information n'est pas comprise et intégrée, le dragon reste une créature inquiétante. Il faudra un Saint George pour l'épingler par dessus, ou un Siegfried pour le transpercer par dessous, en somme un Grand Chasseur, protecteur du village... Un Héros ou un Saint, autres formes archétypiques.

Johan Lamant

[1] - Julien d'Huy
IMAf, UMR 8171 (CNRS/IRD/EHESS/Univ. Paris1/EPHE/Aix-Marseille Univ-AMU)
Publié par:
HAL Id: halshs-01099414
https://halshs.archives-ouvertes.fr/halshs-01099414

LE RETOUR DES DIEUX

Ce Siècle ne devait-il pas être Spirituel, ou ne pas être ?
Eric Hermblast - Ecrivain, Voyageur

Le problème de l'homme n'est pas tant qu'il soit un animal politique, comme disait Aristote, que surtout un animal psychique. Si seulement il était un animal politique, c'est à dire vivant dans des cités, et donc une cilvilisation et des cultures (tel est le sens premier de la définition d'Aristote), il n'y aurait probablement pas de troubles, puisque d'autres animaux vivent dans des structures d'habitats complexes, avec hiérarchies sociales, produits de castes, signalétiques et quartiers réservés : depuis longtemps on avait remarqué de tels organisations chez les hyménoptères, et récemment on a découvert des structures et des cités élaborées chez les céphalopodes.

On a insisté sur le fait que les Anciens, à côté de spéculations métaphysiques poussées (en encore parfois ignorées des Physiciens modernes) se soient contentés de vues dites simplistes en Economie, ou même en Art. En effet, ces domaines étaient abordés au premier niveau de la phénoménologie : la richesse était la possession d'argent, et le beau était ce qui était harmonieux. On voit par là que les idées de circulation, et surtout de systèmes cohérents irrigués, étaient loin de mériter de quelconques intérêts. Il en va de même pour la psychologie, tenue dans l'ombre de la philosophie pendant plus de 2000 ans, et qui en resta longtemps à quelques approches globales (sensations, sentiments, idées passions).

Cependant, la psychologie moderne a voulu à tout prix se faire récupérer par les aliénistes, et très vite par le corps médical en entier, sous prétexte que la psychologie, ça se passe dans la tête, c'est produit par le cerveau, et que le cerveau, c'est un organe. A partir de William James (1842-1910), le pli fut adopté, et les recherches sur des données ou pratique ouvrant sur des parapsychologies, comme l'hypnose, tombèrent rapidement en désaffection (Freud vécut ce tournant, intéressé par les rêves, praticien de l'hypnose, mais abandonnant ces domaines, ce qui est à ce titre assez révélateur).

Il est tout à fait miraculeux qu'un médecin comme Carl Gustav Jung ait non seulement poursuivi honnêtement des enquêtes en fonction de ses idéaux, mais qu'il ait rencontré un succès public, soutenu par les médias. Il faut y voir la preuve d'une reconnaissance instinctive par l'animal psychique – voir première phrase de cet article – d'une importance à "parler des fondamentaux qui seuls donnent un sens" (ces fondamentaux qui seuls donnent un sens sont en fait les archétypes).

De plus, Jung est arrivé à renommer, resituer et ré-introduire des concepts anciens, comme l'âme par exemple, ce qui fait de lui le trait d'union avec la pensée antique qui n'avait pas su avancer et cribler. Les mânes de Jung méritent définitivement l'encensoir.

Certains théologiens cependant accusèrent Jung de *Psychologisme*, c'est à dire de « réduire les réalités religieuses à leur indice psychique » ou à une « expérience introspective des profondeurs de l'âme » (1). Le mot gnosticisme n'était pas loin, et fut d'ailleurs exhumé, à propos de son livre *La réponse à Job* (qui traite du problème du mal). A cette époque, les condamnations religieuses

---

Il est ... miraculeux qu'un médecin comme C.G. Jung ait non seulement poursuivi honnêtement des enquêtes en fonction de ses idéaux, mais qu'il ait rencontré un succès public, soutenu par les médias.

étaient encore de quelque poids, on le vit d'ailleurs à propos de Teilhard de Chardin (partisan lui aussi d'un tout noosphérique), sommé par sa hiérarchie de ne plus rien publier à partir de ses 44 ans (en 1925). L'œuvre de Teilhard, un des plus brillants théologiens du XXe siècle fut en fait publiée après sa mort en 1955.

Mais au fait, qu'est ce qu'il a dit ?

Frédéric Lenoir (2), auteur de livres de spiritualité chrétienne, étudiait dans *Le Monde des religions* de septembre-octobre 2005 la fameuse phrase attribuée à Malraux « Le XXIe siècle sera spirituel ou ne sera pas ».

D'emblée, son constat était clair : Malraux n'avait jamais prononcé ces mots. Allant plus loin, Lenoir débusquait deux textes ayant pu aider à forger cet aphorisme. Dans le premier, Malraux répondant à un journaliste danois l'interviewant en 1955 pour *Dagliga Nyhiter* :

« Depuis cinquante ans la psychologie réintègre les démons dans l'homme. Tel est le bilan sérieux de la psychanalyse. Je pense que la tâche du prochain siècle, en face de la plus terrible menace qu'ait connu l'humanité, va être d'y réintroduire les dieux. » L'autre texte, publié par la revue *Preuve* en mars 1955, faisait état d'une réponse de Malraux à un questionnaire : « Le problème capital de la fin du siècle sera le problème religieux – sous une forme aussi différente de celle que nous connaissons, que le christianisme le fut des religions antiques. »

Ainsi, nous sommes à la fois déçus de ne pas retrouver la célèbre annonce, et cependant fortement intrigué par la capacité de clairvoyance de l'écrivain gaulliste, car son diagnostic va bien au delà de ce qu'énonçait la "petite phrase"…

Une nouvelle forme différente ? En effet, on aurait tort de penser là à une annonce des néo-fondamentalismes qui n'intéressent qu'une frange marginale des Croyants monothéistes. Malraux prévoyait l'apparition de ce que nous connaissons depuis 1968, année de lancement de quantités de modes de mouvements alternatifs qui ont révolutionné les Sociétés occidentales (écologie, consumérisme, féminisme…), c'est à dire la Spiritualité libre, à la carte, nourrie de lectures, enseignements variés, yogas divers.

Il faudra cependant abandonner Malraux à ses lueurs, car d'un autre côté, sa culture le portait à considérer les religions au travers du filtre de son époque. N'oublions pas que, de son temps, la religion chrétienne en France était déjà en décrue, en terme d'effectifs, de fréquentations et de vocations, et ceci depuis avant la première guerre mondiale. Malraux pensait sans doute à l'émergence forte d'un nouveau personnage charismatique (il était encore à l'époque des Leaders d'Opinions et Maîtres à Penser), ou à la mutation de quelque chose existant mais peu adapté (la crue des religions orientales ne date pas de l'adoption d'un Guru par les Beatles).

Pour « Réintroduire les dieux dans l'homme », voyait-il des mouvements semi-politiques comme les autoritarismes divers dont le début de son siècle avait été le berceau ? La référence à la psychanalyse est pourtant clairement présente, puisque explicite. Frédéric Lenoir postule que Malraux agnostique aurait attendu une descente du divin dans l'homme et non une tentative par l'homme de chercher le divin "comme dans les religions traditionnelles"… Il y a là peut-être un léger contresens hélas après une analyse remarquable. Les religions traditionnelles sont toutes héritières de concepts méso-

« Quand on retire la croix, il reste quand même quelque chose ».

Dessin Eric Hermblast.

potamiens (le Dieu chrétien n'est autre que Zeus, c'est à dire Mardouk) et de panthéons fonctionnels issus eux aussi de l'Orient ; et ce qui empêche l'homme d'avoir une relation directe au divin et aux divinités, ce sont les Clergés, auto-proclamés intercesseurs désignés ou révélés. La seule relation directe qui puisse rester en Occident après la condamnation de la théurgie par St Augustin, c'est la prière.

Un nouvel élan par l'Esprit Saint ?

Allons plus loin et refermons à présent l'analyse documentée de Frédéric Lenoir… Quant à supposer que l'Esprit Saint pourrait prendre l'initiative de donner un nouvel élan, ce serait amusant, car l'Esprit Saint désignait au départ une entité bien précise, présente dans une autre religion depuis 2000 au bas mot, qui a été récupérée par les Chrétiens.

L'esprit saint est lui aussi un archétype, qui aurait pu tendre à une suprématie, nonobstant le fait qu'il existe une suprématie inverse qui lui est opposée, celle de l'ombre. Comme disait Sri Aurobindo : « J'ai essayé de faire descendre la lumière dans chacune de mes cellules jusqu'à ce que je réalise qu'elles étaient pleines d'ombre. » (paradoxalement, Sri Aurobindo décéda d'un déficit rénal, autrement dit d'intoxication cellulaire).

Le supramental où aimait se réfugier Sri Aurobindo en méditation est lui-même constitué d'un haut supramental et d'un bas supramental. L'esprit Saint, malgré sa meilleure intention, ne pourrait (comme d'habitude) qu'aider les bonnes volontés.

Il faut d'abord bien voir que dieux et archétypes sont des invariants de l'humanité. Les dieux existaient chez les pré-colombiens, recevaient des sacrifices, étaient censés intercéder ou sauver, exactement comme ce qui s'était passé pendant les siècles de l'Antiquité dans le monde méditerranéen.

De même, c'est aussi ce qui se passe au Japon dans le Shintoïsme (littéralement "la voie du Divin") qui reconnaît des kamis, c'est à dire des dieux (même si des spécialistes essaient de tirer les concepts par les cheveux pour faire dire que ce serait des anges, ou d'autres entités hypostasiées du Divin).

…dieux et archétypes sont des invariants de l'humanité.

Il existe des entités psychiques naturelles, liées à certains ensembles cohérents, comme les montagnes, les fleuves, les végétaux (et certaines espèces animales, qui partagent une conscience d'espèce – voir Steiner – qui est en fait une telle entité).

Ils ne sont donc pas des illusions, puisque tous les hommes arrivent à discerner les dieux comme des acteurs de l'invisible. Comme ils se définissent par une fonction-vertu, tout en se colorant de noms et de symboles, les Saints de la religion chrétienne (et même certaines *divinités* bouddhistes, ne nous le cachons pas) ont suppléé un temps aux dieux supérieurs.

Ceux-ci sont supérieurs aux entités de la nature, et leur caractéristique est d'être associés à des *colorations* anthropométiques (comme exposé ailleurs dans cette revue).

Le rôle d'un Clergé ?

Un autre point important est la question du Clergé. Le retour des dieux s'effectue sans et en dépit de quelque clergé, et sans doute heureusement sans quelque clergé. C'est là un point important qui aurait sans doute surpris Malraux, point que Lenoir ne pouvait qu'éviter, en tant que penseur à tendance chrétienne ayant conquis sa place dans la survivance du clergé chrétien.

A vrai dire, certaines fonctions du clergé sont assurées par les psychanalystes et psychologues modernes, comme par exemple l'actualisation des vécus anciens et pesants (coupables ou non) par l'écoute psychanalytique.

Cependant si Freud eut été surpris de voir comparer sa démarche à celle de la confession, Jung l'avait certainement quelque part discerné, et il se sentait davantage d'affinité, non pas avec le passé d'un indvidu, mais avec l'accident soudain du surgissement de la confrontation avec l'archétype.

Jung a plusieurs fois insisté sur l'expérience intense de la confrontation avec l'évidence d'un archétype ayant la puissance d'un dieu (3), en ne pouvant que préconiser patience, respect et écoute. C'est en fait la psychologie trans-personnelle et une figure comme Stanislas Grof qui aura pris en charge le surgissement de la confrontation, en le renommant *Spiritual emergency* (avec un jeu de mot sur emergency, signfiant émergence tout autant qu'urgence).

A quoi sert le Clergé ? Il était entendu, autrefois, qu'il servait d'intermédiaire entre le divin et les hommes, en ayant la capacité de bien transmettre entre les deux niveaux (celui du divin et celui de l'humanité). Cette idée était une survivance de pratiques répandues dans l'Antiquité, où par exemple les Temples avaient des sacrificateurs désignés, chargés de se souiller du sang des victimes de sacrifice, ou tel ou telle gardien ou gardienne des feux sacrés, etc.

Et ces pratiques elles-mêmes, à bien y regarder, étaient les survivances d'us chamaniques gérant les transgressions, intercessions, bénédictions, propitiations, etc. Ces us chamaniques étaient pratiqués par des personnes reconnues comme compétentes, et appartenant parfois à des familles de médiums doués pour les guérisons, la divination, les purifications, etc.

La superstructure des clergés actuels semble très éloignée des raisons et légitimations premières des fonctions qu'elle prétend gérer, même en terme de sacrements, qui sont des pratiques hautement respectables, mais dont les fondements semblent si éloignés qu'ils n'ont plus à prétendre être préservés, eux aussi, de toutes critiques.

Le Christ Pantocrator, mosaïque de la Déisis (XIIIᵉ s.) à Sainte-Sophie de Constantinople. Pantokrator signifie "Tout puissant" ; c'est aussi le Shaoshyant, le sauveur eschatologique annoncé par Zoroastre. En fait d'eschatologie, il semble que l'individu doive attendre sa fin personnelle pour toucher au bon bénéfice qu'il apporte.
Photo domaine public : Myrabella / Wikimedia Commons / CC BY-SA 3.0

Les sacrements sont, en tant que rites, des pratiques héritées elles aussi de diverses origines. Il manquerait, à ceux qui nous subsistent, en premier lieu l'autorité de filiations intactes.

Qu'à cela ne tienne, il subsisterait par substitution, par appel, diront certains, une validation de ces sacrements, qui sont somme toute des appels au Sacré. Ce fait est assez connu en Franc-maçonnerie (on nous excusera de citer ici ce mouvement social dont notre rédacteur-en-chef a dressé l'Histoire, au grand dégoût de certains franc-maçons eux-mêmes), où on présente la légende de mots « substitués au mot véritable » afin que les mots substitués puissent avoir la même fonction.

Après tout, on sait qu'en matière spirituelle, c'est surtout l'intention qui compte (l'intention signant la volition des esprits, ou étant même la première ex-istance des esprits, pour ceux qui voudraient étudier Franz Brentano). Pour être certain que la prière, en tant qu'appel et intention, a bien été notifiée et adressée au Sacré, on la prononcera à haute voix, ce qui est une technique d'ancrage dans le vécu, le temps, la situation.

On peut même la prononcer devant témoins, ce qui renforce son caractère sacramentel (de serment, sacramentum). Autrement dit, il peut exister des quantités de sacrements valides, techniquement parlant, ce qui n'évitera pas de savoir quelle est la source du Sacré auquel on s'adresse.

Ici, la question se corse, puisque les dieux n'étant pas encore revenus, c'est à dire n'ayant pas reçu de nouveaux noms sur leurs fonctions et vertus essentielles, on pourrait être bien encombré de choisir une figure dans le Sacré qui puisse représenter la Divinité supérieure. Cependant, certains continueront d'invoquer Jésus, qui, après tout, comme l'indiquait Jung dans *Aïon*, correspond à l'archétype du Soi, et reste un archétype central.

L'objection nouvelle sera que Jésus a été socialement dévitalisé, attaqué, et est la proie de figures de simulacres (films, vidéos, conférences, livres) s'éloignant non seulement d'un canon de respects défini par son clergé, mais l'assimilant à des cibles attaquées par quelques anti-cléricaux aveugles, ancrés dans leurs attaques par tradition semble t-il familiale (au mieux). Il conviendrait de remonter à une substance non attaquée de Jésus, par ignorance des artistes contemporains ou des attaquants borgnes. Comme ce ne peut être le Père, lui-même visé par tous les ennemis du monothéisme, il conviendrait de choisir l'Esprit Saint, troisième nom de la Fonction-vertu divine dans son ensemble (ensemble du Phénomène Divin).

Une enquête sur l'Esprit Saint

Qu'est-ce que l'Esprit Saint, qui en a parlé le premier, d'où vient-il ? Autrement dit, quel est sa filiation, et comment se fait-il même qu'on l'ait reconnu comme troisième membre de la Trinité chrétienne ? Il faudra profiter de cet article pour mettre en évidence certains processus au sujet de cette fameuse Trinité, absente du Christianisme des origines, et soudain très présente lorsque le Christianisme se définira comme religion de l'Occident, l'Orient ayant préféré refuser l'idée que Jésus est plus qu'un prophète.

Il faudra d'abord rappeler qu'aucun texte chrétien du premier millénaire n'est fiable, comme l'ont établi deux cents ans d'enquêtes scrupuleuses par des érudits et des travaux qui ne sont plus contestés, et qui sont repris par tous les théologiens comme bases. Il faudrait pouvoir se baser sur des sources externes au Christianisme, pour déterminer ce qu'il était vraiment dans ses origines.

En particulier, les querelles sur les natures de Jésus, ou les Conciles, tout est sujet à caution. Il semble que les Chrétiens aient d'abord adoré le Père, Yahvé Sabbaoth (le dieu qu'avait prié le prophète Jésus) – c'était du moins l'opinion de Loisy (4) –, puis que pour recruter, ils aient assoupli les conditions d'admission dans leurs groupes : pas de circoncision, moins d'interdits religieux, ce qui les fit exclure de la nomenclature des sectes hébraïques. Or cette secte étrange avait été une secte résistante, impliquée dans les soulèvements judaïques de 66, de 115 et de 135, comme en attestent de nombreux témoignages et indices qu'on veut toujours minorer pour ne voir dans le "messie" qu'un leader spirituel.

Il semble que les Chrétiens aient d'abord adoré le Père, Yahvé Sabbaoth

---

En fait, les cadres des mouvements résistants (en général dissimulés sous les apparences d'associations cultuelles, les Tyases), dans la région du Moyen-orient étaient de religion mithraïque, tous depuis les Parthes au Nord-Est, le puissant empire arménien au Nord, et l'Asie Mineure au Nord-Ouest. La Palestine, avant-poste de l'Empire romain à l'Est méditerranéen, avait son propre Baal refusant en théorie Mithra et son astrologie, alors que Qumran a montré l'étendue des magies et astrologies dans les restes de la confédération d'Hérode le Grand. Mithra était présent chez les Hébreux du temps, d'autant plus que les idées de résistance prétendaient hériter des formes ayant eu cours sous Mithridate (nom signifiant "donné par Mithra") VI le Grand, roi d'Asie Mineure qui de -88 à -63 avait mené trois guerres contre Rome, une génération après la fin des conflits contre Carthage.

Une étape plus loin...

Cette longue incise pour amener Mithra à proximité du Christianisme se complètera par le rappel suivant – rappel déjà publié dans *Les Sources du Tarot* (5) :

...Si on avait demandé à un Romain vivant en 250 après Jésus Christ :
– Qui est né d'une vierge près d'une grotte, avec des bergers et des mages babyloniens amenant des cadeaux ?
– Qui est mort au Printemps (trois jours, comme Tammuz) avant de résusciter ?
– Qui, avant de mourir au Printemps avant de résusciter, a fait un dernier dîner avec ses amis ?
– Qui évoque t-on en mangeant en communion de fines lamelles de pain portant une croix, puis en buvant du vin dans une coupe, lors de la myazda (mot qui a donné Missa, messe) ?
– Qui célèbre t-on avec des chants, des cloches, de l'encens, des cierges et de l'eau bénite ?
– Qui célèbre t-on particulièrement le dimanche, parce qu'il est resuscité un dimanche ?
– Pour le culte de qui pratique t-on le baptême avec complète immersion dans l'eau et deux signes sur la tête ?
– Au nom de qui pratique t-on la purification des fautes ?
– De qui les prêtres sont-ils appelés "père" ?
– Qui est monté enfin aux cieux, d'où il reviendra pour résusciter les morts, après que tout ait été détruit par le feu, et avant de procéder au jugement pour mettre les bons au paradis et les viciés en enfer ?
– Ce même dont on parle et qui représente la principale religion de l'empire Romain, n'a t-il pas un clergé dirigé par un Papa qui habite sur la colline du Vatican à Rome, porte un manteau rouge, un anneau et une crosse de berger ?

... Eh bien ce Romain aurait immédiatement répondu : Mithrae hoc utique ! (« C'est Mithra, bien sûr ! »).

Même si Zeus est Jupiter... Helios a fini par s'imposer, sur le tard, comme le dieu de la force de vie. Ce remplacement assez discret n'est presque jamais noté ou mentionné...

De nombreux autres faits finissent d'établir qu'en fait, le Christianisme est sorti du mithraïsme autant que du Judaïsme. A présent,

Les Archétypes

Une légende tenace veut que Bouddha ne soit pas un dieu, et que le boudhisme ne soit pas une religion. A l'appui de ces fantasmes, il y a le fait que "ça n'est pas l'idée qu'on a fini par se faire en Occident d'une religion". Le bouddhisme EST une religion, avec liturgies, dogmes, clergé, Saints, formes basses, hérésies et variantes, et aussi philosophie (de type sceptique), eschatologies, prosélytisme et enjeux financiers... Photo Eric Hermblast.

qui est Mithra, dieu bon, dieu des contrats, dieu de la parole donnée, qui fut connu de l'Écosse jusqu'au désert de Gobi, à l'Est de la Chine ?

Mithra n'est pas le Soleil, bien qu'il le soit devenu, en certains endroits et certains temps. On le voit d'ailleurs figurer à côté d'Helios, sur des bas-reliefs. Il est "l'ange du Soleil", ou "l'esprit du Soleil". Il y a toujours eu, chez les Anciens, une différence entre la planète, sa fonction astrologique, et son esprit. Par exemple, la lune Astre était Séléné, ou Lunus (un dieu mâle pour les latins, sachant que la Lune n'est pas toujours féminine pour tous les peuples), et l'esprit de la Lune était partagé entre Artémis et de nombreuses entités plus ou moins locales, archaïques ou symboliques. La Terre elle-même, en tant que Gé, ou Gaïa, était Déméter en tant que terre nourricière, terreau physique.

Nous en venons donc au point principal : Même si Zeus est Jupiter, comme l'avait été Mardouk, son ancienne désignation avant son assimilation en Grèce comme dieu régulant le système solaire (pour des raisons numérologiques et astronomiques, à la base) et les grandes puissances célestes (les astres), Helios a fini par s'imposer, sur le tard, comme le dieu de la force de vie, dispensateur de la zoe dynamis (une plante dans l'obscurité ne pousse pas). Ce remplacement assez discret n'est presque jamais noté ou mentionné, puisqu'il est celui du triomphe du mithraïsme dans sa branche principale, au dessus de la secte mithrao-judaïque chrétienne qui bientôt prendra le contrôle ou fera interdire cette branche principale (En 377, un mithraeum est dévasté à Rome sur les ordres de l'évêque de Milan, et en 389, l'attaque d'un mithraeum à Alexandrie fit de nombreux morts ; ceci préludait au décret de 391 interdisant les cultes païens et au

La Roue de la Vie bouddhiste est similaire au Samsara hindou, au point que Yama, le dieu de la mort, surplombe ici ces "zones des existences". Dans le sens horaire, en haut le paradis, puis le monde des Titans, le monde des animaux, les enfers chauds et glacés en bas, puis le monde des fantômes avides, et enfin le monde humain. Au centre, l'ambition du coq, le fanatisme du serpent, l'ignorance du cochon... Photo Eric Hermblast.

fait qu'en 392, toute pratique païenne, même en privé, fut interdite).

Quoi qu'il en soit, il reste que divers termes chrétiens comme "bon dieu" ou "fils de l'homme" ou surtout "Esprit Saint" proviennent en fait du Mithraïsme, où ils avaient une désignation plus directe : l'Esprit Saint (hagios-saint veut dire séparé) en particulier signifie Mithra, l'esprit distinct d'Helios. Quant à ce dernier, il est bien entendu « Notre Père qui est aux cieux ».

Où situer l'Esprit Saint ?

Quelle que soit *l'origine antérieure* de l'Esprit Saint, ceci ne diminue pas sa puissance, ni sa fonction et sa vertu intrinsèque. Cependant, nous sommes forcés de constater que sa toute puissante bénévolence ne s'exprime pas au mieux dans l'homme. Les prises de conscience et acceptations humaines sur la simple présence d'un "invisible" sont elles-mêmes limitées, avec diverses théories sur cette limitation : imperfection (de la nature humaine), choix (de s'aveugler), intoxication (impuretés troublant la vision) sont les premières raisons invoquées, comme on le sait, pour expliquer la mauvaise (et même la partielle, statistiquement parlant) disposition de l'homme à traduire les intentions divines supérieures.

L'esprit Saint, s'il est réellement "l'Esprit du Système Solaire", subira cependant les contingentements et hiérarchies affectant le système solaire physique. Il ne sera pas inutile de rappeler que les sondes spatiales quittant le système solaire émettent des messages incohérents, en quittant leur cosmos de référence pour se situer dans le cosmos supérieur. De même, les investigations dans le sous cosmos de référence, l'atome, produisent des pertes de sens et de cohérence, qu'on a l'habitude de regrouper sous le terme pratique de phénomènes quantiques, pour signifier que la mécanique dite newtonnienne semble avoir perdu les pédales.

Le terme cosmos lui-même aurait été inventé par Pythagore, signifiant "ordre, harmonie", et Pythagore étant un orphique, c'est à dire un dionysiaque initié, il ne pouvait manquer de savoir que Dionysos avait visité Cadmos-le-civilisateur et son épouse Harmonie, l'harmonie étant la Symétria, c'est à dire la Cohérence (phénomène que les anglo-saxons, dans leurs absurdités, s'obstinent à nommer resonance – en anglais avec un seul n). Le mot cosmos a aussi donné le mot "cosmétique", c'est à dire la disposition d'un ordre voilant la réalité ; le dévoilement sera, lui, traduit par le mot apocalypse.

L'Esprit Saint serait donc un un inconscient collectif local ? Répétons le, cela ne diminuerait pas sa puissance, ni sa fonction et sa vertu intrinsèque.

Le concept d'inconscient collectif local n'existe pas chez Jung ni ses commentateurs. Il faudrait pourtant arriver à le situer comme un nœud d'archétypes particuliers. Les Anciens l'avaient bien compris, pour qui les dieux étaient d'abord des variantes locales d'une force divine liée à un lieu, un site, une ville. L'archétype de la rivière, ou de la montagne, par exemple, dérivait en une entité (une nymphe, en général) qui prenait le nom, l'aspect, la particularité de la rivière ou de la montagne. Dans le cas d'une ville, l'esprit particulier de la ville est en outre alimenté par les humains y habitant.

Le problème de la divinité supérieure est donc fort complexe, dans le sens où il se pourrait qu'il n'en existe pas qu'une. Toutes s'inspireraient du pôle positif, le Christ, certes, mais avec des variantes... locales.

Est-ce à dire qu'il faudrait anticiper que le polythéisme n'est pas de tout repos ? Et pourtant, il le fut. Etant pluriel par essence, il est tolérant de toutes les formes et variantes, comme on le voit en Inde ou en Chine, de nos jours (et comme on le vit auparavant, ou dans le monde antique).

Il reste qu'un effort de définition s'imposera, non pas pour savoir à quoi croire, puisque la croyance est simplement affaire de confiance dans le divin et le sacré, mais à qui croire, sous divers noms, aspects, variantes. La pluralité ouverte est inquiétante, après 2000 ans (grosso modo) d'habitudes prises de dévotion envers une seule forme de ce qu'on avait appris à nommer Dieu. Ne nous y trompons pas, un Dieu monothéiste est de nos jours inscrit dans notre atavisme, en dépit de toutes les erreurs et horreurs que continuent de perpéter les mauvais chrétiens.

Eric Hermblast

1 - Hubert Cornélis et Augustin Léonard, *La Gnose éternelle*, Fayard, Paris, 1959.
2 - Frédéric Lenoir, *Le Christ philosophe*, Plon, Paris, 2007.
3 - C.G. Jung, *Dialectique du Moi et de l'Inconscient*, Gallimard, Paris, 1986.
4 - Alfred Loisy, *l'Evangile et l'Eglise*, Picard, Paris, 1902.
5 - Charles Imbert, *Les Sources du Tarot*, Dervy, Paris, 2003.

HÉROS, DIEUX, GÉNIES

Les Archétypes sont structurés pour nous être compatibles
Michel Barster - Auteur de Science-Fiction

Lorsqu'on prononce le mot "archétype", on imagine aussi des modèles. Tous les modèles qui existent découlent-ils des archétypes, ou la modélisation peut-elle s'effectuer par parallèles, copies, transferts des formes générées en premier par les archétypes ?

L'enjeu de cette question est simple : l'homme peut-il, par prise de conscience des processus, arriver à créer authentiquement, ou ne restera t-il jamais que le jeu des pré-requis et de l'illusion que son individu a créé quelque chose ?

Avant d'essayer de répondre à cette question, il faudra examiner de quoi sont faits les modèles les plus élevés que se donne l'homme, et les exemples dignes de son admiration et de ses volontés de progression.

Le Héros

Le héros est de nos jours un de ces concepts mal définis qui prête à controverses dès que le mot est prononcé, comme si tout un chacun se sentait concerné et possédait ses repères du Héros, alors qu'en fait il n'en a qu'une vague idée.

Le mot Héros fait en effet référence à plusieurs registres distincts :
A – Le personnage, pur et simple, rencontré dans les divertissements.
B – Le personnage protagoniste, dans des mythes élaborés.
C – Le Héros historique, et ses actes héroïques.
D – Mon père ce héros, modèle paternel.
E – La figure d'une exemplarité sociale.

On pourrrait classer cette énumération en allant du Héros qui est le plus personnel à celui qui est le plus collectif. Peu importe, car il s'agira de tous les aborder.

A - Le premier mentionné est quasi un faux héros, qui n'est pas un anti-héros, le concept de anti-héros étant lui-même devenu très flou, au fil de l'accumulation historique des œuvres de fiction utilisant des personnages-héros. Le anti-héros est soit un personnage négatif ou un antagoniste qui prend un rôle important (exemple : l'archi méchant devenu fascinant), soit un personnage dénonciateur, soit de son rôle, soit du genre dans lequel il évolue (la marionnette consciente), soit un personnage n'ayant aucun caractère d'exemplarité, de modèle, de supériorité en quoi que ce soit, mais porteur d'un regard que l'auteur veut promener ou faire dériver dans des situations (ce sera souvent un personnage picaresque).

Quoi qu'il en soit, le héros-personnage est tout simplement la figure prominente ou prétexte, le rôle titre d'une narration fictive. C'est lui qui intéresse, c'est lui qu'on prétend faire suivre dans le fil narratif.

Le mot personnage fait référence à la personna et au masque de théâtre. Ce Héros est vide et multiforme par essence, très malléable, bien que pour intéresser au début d'une narration il doive forcément, obligatoirement, représenter ou évoquer un archétype bien connu, déclenchant de préférence la sympathie (l'inverse est possible, que la narration soit une dénonciation, un récit picaresque, un polar, etc. – la sympathie devra alors se porter sur ses envers, reliefs, comparses).

B - Second mentionné, le personnage de mythe est par essence bien davantage habité par un archétype, mais il reste, précisément, un personnage, donc une figure sur ou sous un masque. N'oublions pas la dimension religieuse du Théâtre à l'origine. Le mythe travaille et fouaille, il oblige l'auditoire à des efforts de compréhen-

Comme disait Nasr Eddin Hodja : « Quand j'entends "Super-Héros", je sors mon Picasso ». J'ai donc décidé d'illustrer mon article avec des visuels jolis, à moi. Cette étude s'appelle "Petits œufs au plat" et supporterait peut-être la mise en couleur.   Image Michel Barster.

sion, puisqu'il met en scène, sous la forme du récit, des symboles, des codes, des registres. De nos jours, les mythes modernes tournent autour d'histoires rebattues dans des genres quasi hollywoodiens (parce que c'est hollywood qui, enfin, les a le plus répandus) : Le flic, le tueur à gages, l'espion, sont des exemples que tout le monde comprendra (y compris pour le cas des Super-Héros, déjà très étudiés et mis parfois en scène comme de clairs substituts de divinités).

Les personnages dans ces codifications peuvent subir des dérisions, des sur-amplifications, des mariages, preuve que les codes en sont fort bien connus et repérés par le public. Les cadres de ces confrontations (le flic avec le coupable retors, le tueur à gage avec les contractants vicieux, l'espion avec des gadgets problématiques) peuvent être transposés dans le Western (passé) ou la Science-Fiction (futur), avec là aussi des ponts, croisements, mariages possibles…

C - Le Héros des chroniques serait, bien sûr, le type de référence. Et alors, des critiques modernes de l'Histoire tenteraient de relativiser les cadres de son action. Ou bien d'autres avis remarqueraient ses *problèmes* historiques, par les éclairages des légendes dorées et les légendes noires, ou d'autres biais et productions liées à des storytellings datés et parfois dépassés. Jeanne Hachette est sortie des livres d'école, alors que Jeanne d'Arc y est demeurée. Le Héros historique

---
Quant aux Templiers, n'oublions pas que eux n'existent plus, même si leur persistance indique l'implication d'un (ou de plusieurs) archétype(s)...

---

n'a pas forcément réalisé de hauts faits, à partir du moment où on considère la chronique comme importante, et le Héros comme naturellement installé (par exemple, les Templiers sont des Héros, pris tous ensemble, et décrits comme tels, avec attributs, attitudes). Bien sûr, très vite s'agissant de Héros, on demande la précision : de quel haut fait exemplaire veut-on parler ?

Le haut fait est digne d'exemplarité sociale, pour anticiper sur les développements posés plus avant. Il est entendu que le Héros historique a marqué la Société par son exemple. Celui-ci n'est plus mythique (sauf en rejoignant une autre figure, celle du vainqueur, celle du trahi, celle de l'incorruptible, celle du génie, etc.) mais réel. S'il y a traduction, on ne pourra plus parler de mythe, et on citera son cas comme Légende.

Remarquons que chez les Grecs, le Héros possède un nom, des atouts, une vertu (atouts et vertu sont attributs, attitudes). Parfois, les atouts servent peu (Ulysse est affublé d'une grande astuce, mais on ne la voit que rarement, comme avec le Cyclope… par contre sa vertu est de ne jamais se laisser abattre ou déprimer). Aussi les accessoires du Héros ne seront jamais sa définition ou sa réduction, alors que la vertu est essentielle (Superman, sans sa force, est vide de sens, tout comme l'auraient été Héraclès ou Samson).

Pour les Grecs, le Héros est en route vers la divinité, il est déjà sur-humain. On sait qu'Evhémère, finalement, traduira cette réalité en expliquant que les dieux de l'Olympe furent au départ des hommes qui furent divinisés, par une thèse qui eut des succès immenses au fil de l'histoire occidentale.

Le Héros historique, il faut bien y venir, est aussi exemplaire parce qu'il a fait ce qu'on fait rarement, mais que tout le monde devrait faire. Ce fait sera là, ici, enfin, la définition canonique que tout le monde attendait du Héros : Il a fait ce qu'Universellement tout le monde devrait faire en se battant contre ce qu'Universellement tout le monde devrait rejeter. Les bornes de cette très belle définition sont bien sûr autant extrêmes que

Les Archétypes   Un Temps - Numéro Un Juin 2018

Les Héros morts sont d'autant plus des modèles qu'ils ont acté par leur vécu, et qu'on ne peut plus revenir discuter leurs exemples..   "Structurel" par Michel Barster.

le Héros : Tout le monde devrait mépriser la mort ou la souffrance, et le héros l'a fait (comme maints héros romains) ; tout le monde devrait être attaché à achever son travail envers et contre tout, et malgré les obstacles, le détective a poursuivi et dénoué l'enquête, etc.

    Nous venons d'un seul coup de sauter dans la question du Héros non plus Personnage, mais Modèle. La dimension insaisissable du personnage vient de se préciser à travers la figure de tous les types qui ont sauté à l'eau pour sauver Rouky, le chien du voisin, qui allait passer sous les pales de la roue du moulin. Par contre, son

---
Nous venons d'un seul coup de sauter dans la question du Héros non plus Personnage, mais Modèle.
---

nom échappe souvent. Qui saura que le héros de Fort Saganne s'appelait en fait Bournazel ? Ce que le Héros vient de gagner en précision, valable pour tous, se re-dilue dans un problème d'identification. Il a été vu que pour les Grecs, le héros a un nom, et qu'il est important (Polyphème demande son nom à Ulysse, qui répond s'appeler *Némo* – personne – ce qui fait que quand le Cyclope aveuglé crie à l'aide, ses voisins autres Cyclopes lui demandant contre qui il en a, et s'entendant répondre « Personne » lui disent d'arrêter de crier). Léonard de Vinci est un nom, qui ne se confond pas avec Rubens (lui aussi homme de cour, plus ou moins, et patron d'un atelier de peintures). Quelle est la dimension qu'on veut voir dans le nom ? Le nom, c'est comme une marque, ça sert à définir une antériorité, parfois, et une autorité, surtout, donc une légitimité.

    D - C'est ce qui assurera la figure "Paternelle" du Héros, légitime et roi, instructeur-enseignant, présentateur-initiateur, sauveur-nourrisseur, etc. On sait que pour les petits garçons, cette influence est susceptible d'être dépassée-rejetée, à divers degrés (ce qu'on a voulu constituer en Œdipe, cette parfois grosse blague ; le père d'Œdipe commence par le nier, c'est aussi une constante – les ressorts d'Eros et Thanatos sous-tendront les véritables enjeux ; Phanès-Orphée et Dionysos-Zagreus, on dirait que c'est la même chose), tandis qu'il en restera toujours quelque chose dans l'Animus de la petite fille (mélangeons Freud et Jung sans honte !). En Analyse Transactionnelle, le père ou parent verra d'autres modulations, ce que l'enfant sait bien, puisque lui-même sera enfant normé ou rebelle… Bref, là aussi le Héros redevient problématique et échappe une nouvelle fois à sa propre figure…

E - En allant au dernier terme mentionné, le Héros serait en définitive un axe pour une exemplarité sociale ? En effet, c'est ce qu'il faudra, à la fin, discerner. Le héros n'est pas un héros pour moi, il est d'abord un héros pour tous, la société, et chacun, en idéal, pourra s'y projeter.

Ce n'est donc pas la somme des adhésions individuelles qui crée un Héros (eh non !) mais le fait qu'il puisse, comme on dit, se poser en rassembleur, donc être (ou faire croire, ce qui revient au même) à l'origine un repère déjà reconnu par *beaucoup de monde* (ce qui n'est pas étonnant, vu qu'il a quand même une dimension d'archétype !), ce qui assure sa première légitimité. Tout le monde le reconnaît…. Mais à quoi ? C'est là où intervient la définition déjà à ce point formulée : il a une vertu, des attributs, des attitudes.

Sa vertu, c'est sa justice, ou sa force, ou sa tempérance, ou sa prudence (et toutes vertus cardinales et ordinales).

Ses attributs, ce sont ses accessoires. Les dieux hindous ont plusieurs bras pour présenter le lasso, la dent, la coupe, et aussi l'épée, le casque, bref tous les accessoires avec lequel il va pouvoir opérer, combattant ou effectuant.

Ses attitudes découlent à la fois de sa vertu et de ses accessoires, mais il s'agit en fait de la Mise en œuvre spéciale, surprenante, héroïque, exemplaire, de ces instruments qu'il agite de par sa volonté.

Une fois qu'il a démontré qu'avec sa vertu (le brave type, par exemple), son accessoire (une batterie, par exemple), son attitude (accompagner fidèlement les copains qui fabriquent les tubes, par exemple), il acquiert un nom, comme "Ringo Starr", par exemple. Et ça fonctionne très bien, d'ailleurs outre les albums de tubes, les ventes de batteries décollent (la preuve).

Il y avait des images libres de droit des Beatles...

Prenons encore d'autres exemples pour bien saisir les *modalités* du Héros :

Le Sauveur des baleines ? Attitude : résiste aux tempêtes dans un remorqueur réformé. Attribut : un bonnet rouge alacon. Vertu : a voulu faire des vidéos avec les baleines. Nom : Commandant Cousteau (et non pas Capitaine).

Le grand Tennisman ? Vertu : a décidé de tenir le nombre de sets qu'il faudrait pour que l'autre fasse plus de fautes que lui. Attribut : une raquette sponsorisée. Attitude : met son short sur un collant qui dépasse. Nom : André Agassi (1).

Le grand Savant ? Attribut : un labo plein de turbines et de machins. Vertu : sait bien mieux que les autres comment ça marche l'électricité. Attitude : est médiatisé mais ignore la caméra. Nom : Nikola Tesla.

Le Dieu

La typologie du Héros fonctionne aussi pour les dieux… Eh oui, il y a similitude parfaite, comme nous allons le voir. Les dieux sont bien des personnages, puisque ils se définissent, eux aussi, par Fonction, Attributs, Attitudes. Ces dieux peuvent se définir eux aussi comme des points de tension dans le maillage du champ de l'Inconscient collectif, et se définissent comme des archétypes.

« Les dieux ce sont des archétypes ? »…

Oui et non, je n'ai pas dit ça, ou plutôt, s"il fallait dire « oui » tout de suite, nous sauterions directement à une conclusion partielle, en évitant un développement. S'il existe deux mots, *dieu* et *archétype*, ou deux identifications, Puissances et Principes, ce n'est pas pour rien. Même si oui, à la fin, les principes sont aussi des puissances.

Disons que la puissance est d'ailleurs la traduction d'un principe existant tellement qu'il en arrive à drainer à son profit des réserves énergétiques. La quête des réserves énergétiques sera ensuite une des préoccupation des dieux, avides de sentiments et d'honneurs humains (les anciens le soulignaient déjà dans divers mythes), et une grande préoccupation des Clergés chargés

Rien n'énerve davantage certains que l'idée d'une "volonté créatrice" (imputable à un barbu ou non), et cette détestation psychique a empoisonné la recherche pendant deux siècles (XIXe et XXe).   Clip Art des années 1990.

justement de les servir, c'est à dire de les alimenter en grossissant le nombre de "fidèles".

Le bilan symbiotique du dieu et de ses vénérateurs est assez curieux : si le dieu peut parfois dépenser de l'énergie pour répondre aux prières, en général il peut se contenter de ne pas répondre aux prières mal formulées ou mal adressées, et de conserver toute énergie pour lui.

C'est l'accusation que leur formula le Christianisme sur leur fin : « Puisque la nouvelle vague de croyance alimente assez la vigueur de Dieu et ses Saints pour réaliser les miracles, bénir et pardonner, vous autres anciens dieux n'êtes plus des symbiotes mais des parasites, et en fait vous êtes devenu des démons » (et autres cris du genre « Il est détestable à un dieu de partager ses autels » – ce qui se comprend mieux, c'est vrai, en fonction de ce qui vient d'être énoncé).

Oui, les dieux sont parfois des goinfres, surtout lorsque ce sont des dieux représentatifs des bases couches de densité d'énergie. Par exemple, l'égrégore d'une ville peut ainsi se montrer sous des aspects bienveillants ou dévorants, radieux ou dévoyés. Et un dieu, en tant que nœud dans la maille psychique, peut enfler, grossir, et même vieillir dans une certaine mesure, c'est à dire évoluer dans des limites que nous n'étudirons pas ici et maintenant.

« Il ne faut pas confondre Mythologie et Religion »

Cette section sur les dieux s'interrogera davantage sur ce qui fait leur substance, autrement dit leurs sens approchés. Vus remarquerez que j'écris "les dieux", car je tiens à considérer les dieux comme divers phénomènes, en ce début de section, peu situés, peu identifiés (comme au début de la section sur le Héros).

Faisons un sort tout de suite au dieu du Monothéisme Chrétien, qui n'est absolument pas YHWH (ou l'Eternel, ou "Le" Dieu) de l'*Ancien testament*, de la *Thora*, de la tradition hébraïque.

Oh, pardon, ce le fut quant même pendant environ 300 ans, pour les premiers chrétiens qu'on rêve toujours purs, et porteurs d'un "plus" qui se serait érodé. Non, le chrétien des origines était membre d'une secte orientale, astro-cananéenne-Alexandrienne).

Certes, le syncrétisme entre les dieux ne date pas d'aujourd'hui, puisque l'assimilation a démarré au premier millénaire BCE (*Before Common Era*), mais enfin c'est un bricolage.

Des millions de personnes, en Europe occidentale (et ailleurs) sont arrivées au christianisme sans avoir entendu parler d'un dieu de la Thora, et on leur a jamais parlé du dieu chrétien comme du dieu des Romains, c'est tout. En Europe occidentale, c'était comme ça. Tandis qu'à Rome même, bien entendu, tout le monde savait que cette histoire était passée aussi par Alexandrie… Mais ça, c'est encore autre chose.

Donc, le dieu des Chrétien, c'est Sire Jupiter, importé de Grèce où il y avait marqué Zeus sur sa boîte aux lettres, sachant que ce Patron des Olympiens avait eu son acte de naissance enregistré comme "Mardouk", encore plus à l'Est, bien des millénaires plus tôt.

Et puis, Salomon Reinach écrivait : « Il ne faut pas confondre Mythologie et Religion ». Il avait parfaitement raison, à un haut degré. Les mythologies s'étudient et se comprennent avec des symboles, des clés, et devraient s'approcher en repérant les charges psychiques (vous savez que les Oréades sont les esprits des montagnes et les Potamides les esprits des rivières ? Personne ne vous en a parlé ? Il y a des cliques qui ferment l'information et ce sont de sales engeances).

Les religions, elles, pour l'étude s'approchent par leurs caractéristiques et promesses : liturgies, cultes, et parfois mysticismes (sachant que là, pour ce dernier point, on ne va pas loin dans des variations : on monte, on y est, on redescend ici bas).

Donc, nous avons hérité d'une très ancienne forme de Dieu Principal, tendance qui fut celle de l'hénothéisme, c'est à dire la dévotion à un dieu préféré (un peu comme une femme ou un homme, dans ses fantasmes vers l'anima ou l'animus et les personnes à désirer, élit un *the one*, un pôle de fantasme pour tendresse, rapprochement, entente, etc.). Un dieu préféré est en fin de compte devenu notre *Dieu unique*. De même, nous avons aussi hérité de liturgies en cours dans l'Antiquité (passons le détail, mais les cloches, les cierges et les hymnes, c'est un peu ancestral). La mythologie de Dieu est dans le cathéchisme, et la religion de Dieu est théoriquement surveillée par des clergés de plus en plus vacillants.

Bien sûr, ce n'est pas encore très substantiel pour bien comprendre de quoi il s'agit. Aussi, la question « Mais alors, il existe ou non ? » risque de surgir. Oui, bien sûr, Il existe. Mais en fait, *stricto sensu*, il faudrait l'appeler « Phé-nomène divin », pour paraphraser Teilhard de Chardin qui, lui, écrivait sur le Phénomène humain. Et encore,

---

La Typologie de Papus
(Dr. Gérard Encausse (1865-1916).

Pour Papus, le monde invisible comporte :
A) Les courants fluidiques d'Ether, Qi, Prâna, Gloyre, Od, Télesma, ces noms désignant en diverses langues une seule réalité énergétique en essence, potentiel des potentiels, à la fois champ et force, support et courant.
B) Les élémentals, forces inconscientes des éléments, et les forces des nombres, des végétaux, des minéraux.
C) Les élémentaires, restes des défunts, les esprits convoqués par les spirites.
D) Les idées devenues substantielles, autrement dit les égrégores, êtres collectifs, et les formes pensées.
E) Les corps fluidiques des auras, des médiums, des adeptes, et des décorporés.

Cette classification s'appuyait sur de longs commentaires. Elle se voulait phénoménologique, rendant compte des faits et diagnostics de l'époque, tout en se situant en marge de certains domaines utilisant des termes et nomenclatures traditionnels. Il faudra donc à présent préciser certains points sur cette classification, qui en son temps (XIXe siècle) était satisfaisante :

– Les courants fluidiques sont de diverses densités, plus ou moins subtils, alimentent et circulent entre les "divers niveaux" entre le Divin et la matière dense. Surtout, ils sont énergétiques autant que psychiques, ce qui n'est pas précisé (ce n'était à l'époque peu évoqué que dans quelques ouvrages théosophiques, ou des traductions orientales).

– Il faudra bien entendu ranger, bien qu'ils ne soient pas spécifiés, les archétypes et les forces de champs, y compris cosmologiques (dont les Planètes) en B. Le jour et la nuit, les saisons, les phases de la Lune, les équinoxes et solstices, dont la cause étaient inconnue, étaient des phénomènes-fonctions supposés obéir ou coincider avec l'expression de potentiels invisibles. Les premières civilisations de l'écriture, la Mésopotamie ou l'Égypte, commencèrent à tenir compte des coïncidences astrologiques dès avant -3000 (on date d'ailleurs le disque de Nébra – en bronze –, découvert en Europe occidentale, de -3500, puisque il représente les pléiades dans leur apparence à cette époque).

– Aux élémentaires, en C, il faudra ajouter les échos comme les manes (positives), les débris d'agrégats, restes d'âmes brisées, tout ce qui est coques, larves, et morceaux psychiques errants, désirant parfois, tels des virus, parasiter ou symbioter avec des corps fluidiques plus puissants qu'eux.

– Aux formes pensées en D, il faudra ajouter les Egrégores et inconscients collectifs locaux, les esprits de famille, les esprits des villes, les esprits des écoles, des clubs sportifs, ou d'unités combattantes (les esprits de corps)…

il faudrait le situer, ce Phénomène divin, parce que le divin est un niveau, qu'un champ a des bornes, qu'en plus il y a le rôle du Sacré, bref il y aurait beaucoup à dire sur cette nébuleuse supérieure dont la seule approche comble, émerveille, enchante et éclaire, le tout de manière un peu indistincte, comme on ressent la couleur rouge mais que, mis en face d'une palette de peindre, on se retrouverait à hésiter).

Surtout qu'il faudra bien parler, non de ce que les théologiens veulent voir dans des discours, mais des caractéristiques des dieux perceptibles par Monsieur Toulemonde (lui et son entendement). Ce qu'ils ont toujours été, en somme, ces dieux. On voudrait les retrouver dans la typologie de Papus au sujet des forces du monde invisible, mais non, ils ne les a pas cités !

Pourquoi ne sont-il pas là ? Parce qu'on les y voit mal. En parlant de dieux, on veut les voir sous l'angle des divinités constituées, connues (même si elles sont archaïco-primitives ; ou entre le mexicain Quetzalcoalt et la japonaise Amaterasu, quelle différence ?), mais en plus on s'encombre de conceptions adventices, comme le fait qu'un "dieu doive" ou qu'un dieu "fasse des signes" (des miracles) alors que le dieu ne se manifestera qu'en retour d'une forte alimentation d'énergie dans sa direction. Non, les dieux ne se "montrent" même pas (et pourtant, il y en a parmi nous qui sont exercés à voir).

Fine mouche, Papus les a d'abord vus comme des élémentals, les forces inconscientes des nombres, des végétaux, des minéraux, ou

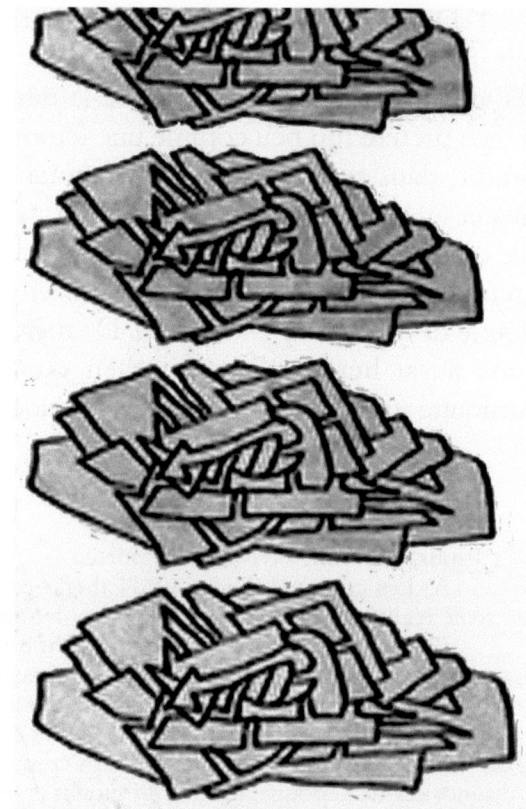

"Roc roc roc" par Michel Barster.

bien alors comme des "idées devenues substantielles" (égrégores, êtres collectifs, et les formes pensées). Or, les dieux ayant un minimum d'intention propre, on ne peut les considérer comme inconscients, d'une part, et faire des dieux des *constructions humaines* (2) – l'idée n'est pas neuve – demanderait d'autre part à être prouvé, démontré, sachant que les syncrétismes ou assimilations entre dieux de diverses régions est possible, ce qui soulèverait les questions des invariants, ou sinon des archétypes.

Le problème c'est qu'un archétype, pour autant qu'on sache, n'aurait pas d'intention ?… De fait, on ne peut le voir qu'attaché au programme du groupe local d'archétype auquel il se relie. Les nombres se comportent d'abord comme des nombres, les archétypes d'espèce animales (dérivés d'autres espèce animales) se comportent dans les caractères desdites espèces…

Donc, pour l'enrichissement des Principes vers les Puissances, nous sommes obligés de chercher du côté des religions les plus pures, les plus basiques les plus anciennes, le totémisme, l'animisme, le cosmologisme, l'ancestrisme, le fétichisme et le paganisme (ce n'est pas ici qu'elles ont été distinguées ou désignées)… ces religions s'adressent aux "forces de la nature", aux ancêtres, à des symboles divers (sachant qu'il y a toujours un bidule plus ou moins tabou caché derrière le symbole), et même à des forces brutes… et puis qu'elles s'adressent aussi, ces religions, aux astres et étoiles, bien entendu.

Pour clarifier, il faudra pratiquer des éliminations dans ces formes de religions premières, car certaines ne s'adressent pas à des dieux, mais à d'autres forces de la typologie de Papus.

L'ancestrisme ? Il faut ici faire une mention et citer l'evhémérisme, qui prétend que les Grands Ancêtres ont pu devenir des dieux. Oui, bon, mais ici, la dimension fallacieuse déborde. Les musiciens peuvent par exemple accéder aux Manes de Mozart, mais on sait que les manes ne sont pas suffisantes en elles-mêmes pour être des dieux. Donc l'ancestrisme sortira du champ des possibles capables de donner l'arrière plan des substances des dieux.

Le fétichisme ? C'est de la magie subalterne (se référer à la typologie de Papus).

L'animisme ? Oréades et Potamides ont été citées, mais il y a les Hyades, les Dryades (et hamadyadres), les Naïades… En fait, on classera ces divinités "inférieures" en Epigées (Gé étant Gaïa, ou Déméter), c'est à dire divinités terrestres, les Hydrïades, divinités aquatiques, les Ouranies divinités célestes, et enfin les divinités du feu, les Lampades. On retrouve ici les 4 éléments, c'est normal (pour ceux qui savent ce qu'ils sont). Comme il s'agit de désignations greco-romaines, on rajoutera aussi les Muses, qui sont intéressantes (mais un peu hors sujet). Des divinités mineures, c'est peut-être une piste, mais éloignée des Grands dieux et de leurs puissances...

Le totémisme, ou le paganisme ? Il semble qu'on ait désigné du terme de religion, pour ceux deux domaines, du symbolisme des caractères (totémisme) et de l'adoration des forces de la nature, depuis les météores jusqu'à tout ce qui est perceptible dans la nature (paganisme). Le symbolisme, ce n'est pas assez pour y trouver des dieux, le paganisme étant panthéiste, il est trop… Bon, où en sommes-nous ?

De quoi furent les premiers dieux ? On y verra du cosmologisme, ou des forces naturelles et des *divinités mineures*, donc de l'animisme et du paganisme, puisque les premiers dieux, on le sait, sont en général liés à un lieu (ce qui en fait des émanations, peut-être, des inconscients collectifs locaux…). Encore faudrait-il tou reformuler au niveau du sens de ce dont on veut parler : que sont les divinités naturelles, en général identifiées les premières (en dehors du soleil et de la lune) ?

Pour reprendre une analogie, il y a bien *a ghost in the machine*, sauf que la machine sera la fontaine, ou la colline, ou "le Nord". Comment perçoit-on ce *ghost* ? En écoutant un peu les choses, c'est à dire les *forces qui circulent*, les échos, et son aïsthésis personnelle. Certains iront plus loin en absorbant des psychotropes locaux (il a des quantités de plantes qui possèdent la fonction de relier). Le gros problème serait alors la suggestion, et le fait que le chamane va voir une entité qui ne serait qu'une projection ? C'est pour rire ? Un autre chamane, non loin de là, verra la même chose et pourra corroborer la vision du premier. Là, on est dans du solide.

Un dieu étant, d'une part une puissance reconnue dans la création par son influence (le Soleil alimente les plantes, la Lune tire sur les marées), et d'autre part une intention favorable ou non, il convient de l'identifier par sa fonction, puis de discerner les voies de l'influence de sa vertu utilisant ses attributs (armes ou outils, de la foudre de Zeus jusqu'au lasso de Ganesh).

Fonction, Attributs, Attitudes définissent donc les dieux, avec quelque chose de très important (en fait à ranger dans le registre des Attributs) : le Nom, qui spécifie – au moins – qu'il est distinct. Sur le nom, il circule des quantités de vues. On se souvient de Moïse demandant au buisson comment il s'appelle, et l'autre de lui répondre « Je suis celui qui est ». Le problème, c'est que s'il n'a pas de nom, on ne peut pas l'invoquer, l'évoquer, l'appeler, et certains de dire « Ah oui, c'est bien comme ça, et en plus en retour, quand on a fini de ne pas l'appeler, il ne fait rien » sauf que ce n'est pas bien du tout : Hommes et dieux doivent travailler en partenariat, et y'en a pas un des deux qui doit essayer de gruger l'autre.

Dans le monothéisme, les dieux n'ont plus de nom, car ceux-ci sont niés, et leurs fonctions qui sont en principe confisquées (mais par qui, par quoi, de quoi, et pour quoi faire ?) s'exercent

---
Fonction, Attributs, Attitudes définissent donc les dieux...

---

au petit bonheur la chance dans un monde proche du chaos. On inventera les Saints, et même les Saints patrons, mais ce n'est plus pareil.

Le nom, qui semblait un peu annexe pour les Héros (alors que pour Homère c'est très important : il ne nomme que ceux qui ont des rôles, et ceux qui remplissent des rôles collaborent au plan supérieur, c'est à dire au scénario premier) devient pour les dieux d'une importance primordiale. Ce n'est pas par ce que les dieux, on ne les voit pas (en général, sauf à Lourdes, Fatima, etc.). Non ; le nom sert à désigner, identifier, repérer, bref, s'y retrouver, parce que dans le champ de toutes les puissances, il faut poser des repères et des jalons.

Marie-Louise von Franz est d'accord, par exemple, pour considérer qu'il y a des archétypes dans les nombres. Mais les nombres n'ont jamais été montés au rang de dieux (sauf chez les Mayas, mais c'est un peu spécial et composite – et Stanislas de Guaita, pythagoricien peut-être, assurait que le nombre 10 était Dieu).

En conclusion, les dieux, ce sont des archétypes qui ont réussi. Parfois, ayant fini de réussir, ils retombent au rang de faire-valoir pour des Saints, comme Osiris qui finit dans le saloir, là où Saint Nicolas viendra le résusciter. En bref, les dieux existent, et leurs substances approchées ressemblent à celles des héros.

Le Génie

Dernière approche des Modèles descendus ici bas, il faut s'interroger, après le Héros et le Dieu, sur un autre concept flou, le Génie.

Le Génie, c'est celui qui est en rupture de la Tradition, transgressant pour amener quelque chose qui fait faire un bond soudain en avant. Ceci pour la définition reçue. Cependant, ce concept se discutera, et en vrac voici les questions :
— Quel est ce rôle d'apport ?
— Est-ce vraiment du nouveau ?
— Quelle est la part réelle de production du Génie ?
— Pourquoi devrait-on ensuite l'encenser, le reconnaître ?...

Admettons que toutes ces questions peuvent recevoir un éclairage noir ou doré, descendant ou au contraire exaltant le rôle de notre presque père mais surtout ami, le Génie. Parce

"Le futur c'est génial" par Michel Barster.

que ces questions ne sont pas élucidées, qu'elles restent floues en elles-mêmes, on découvre que, précisément, on situera mal le Génie, relié cependant à l'archétype parternel (ce qui, du coup, fondera une bonne part de sa vision mythique).

Prenons l'exemple de Léonard de Vinci…

On précise, on explique que quand même, de son temps il y avait déjà quantité de mécanismes… Son génie aurait été de faire collection de croquis de machines ? Mais encore, réunir des carnets de dessins surprenants, Villard de Honnecourt l'avait déjà fait. En dehors de ces questions techniques, puisqu'on vous explique que « Non, non, eh bien la Joconde procédait d'une démarche courante cherchant à fixer *les canons de la beauté en ce temps là* », donc vous comprenez, pour moitié le mystère serait éclairci…

Ainsi, "on" (les médias ?) avai(en)t voulu vous faire croire que… mais en fait Léonard ce n'est pas si renversant que ça. Fin de l'exemple.

D'autres Génies, comme Liszt, furent tenus en très haute estime, en rupture avec la musique d'avant eux, et Franz lui-même ne se privait pas de prétendre vouloir toucher à la musique de l'avenir. Musique de l'Avenir ? Beethoven lui-même confiait « Voici un morceau qui dans soixante ans donnera du fil à retordre ». Pour clore l'évocation de la Musique, une figure comme J.S. Bach, immergé au milieu du baroque (tel Scarlattti, Monteverdi, Haendel, ou même, allez, Vivaldi ou Lully), faisant en fait du baroque (oh, mais pas que, car il y'a déjà de tout, chez lui) sera-t-il génial parce que dans toute sa production il y a du fort nouveau… ou bien est-il un phénomène né d'une culture, d'une accumulation, etc.

On touche là, pour la première partie de la question de l'apport, au fait que oui, c'est toujours dans une culture donnée. C'est aussi avec des outils donnés… Les Beatles sans la radio, sans la télé, ce serait sans doute resté un peu circonscrit. Donc, notons que, de toutes façons, les génies maîtrisent les techniques de leurs milieux et de leurs temps, et ceci au point d'avoir du flair pour suivre ou même précéder la mode. Léonard sans François 1er, restant confiné à des travaux hydrauliques en Italie, ça n'aurait rien "apporté".

Vous avez aussi le Génie sans bouillir, uniquement avec de l'eau tiède. Quant à l'inventeur de l'eau tiède, c'est une autre histoire (passionnante).

Mais après tout, oui, eh, c'est parce que le génie prend un ensemble de données culturelles et le porte plus loin que, bien sûr, il est un génie ? Refermons donc la question de l'adaptation réussie au milieu culturel. Par contre reste en filigrane l'idée qu'il aurait si bien compris les fonds culturels dans lesquels il évolue qu'il pourrait donner l'illusion de faire du nouveau alors qu'il ne fait juste que de l'Ikebana (cet art floral japonais mariant les plus belles fleurs pour un résultat surprenant). Eh bien, pourquoi pas, si c'était ça, au pire de la réduction, être un Génie ? Somme toute, il n'y en a pas tant qui arrivent à "frimer à haut niveau". De fait, bien des jeunes ont voulu être Beatles… et non, on a eu… d'autres trucs.

Reste à aborder la question du nouveau qu'il est censé apporter, avant de conclure sur ses cultes et influences… Le nouveau est très problématique, puisque l'Éducation Nationale avait mis dans ses programmes (avec l'idée qu'on a choisi avant de choisir, si vous vous rappelez) l'idée qu'il n'y avait jamais rien de nouveau, et qu'on ne faisait qu'adapter des formes anciennes, copiées même inconsciemment. Hélas pour cette théorie, le "Nouveau" existe pour de vrai, sinon il ne serait pas fascinant, entre autres… Un métier comme styliste, par exemple, demande des efforts d'ingéniosité constante. Ah, dans le mot ingéniosité, il y a "génie", vous voyez…

Les stylistes en formes de carrosseries pour voitures, eux aussi, sont de vrais sculpteurs qui doivent tenir compte non seulement des *idées remontées* (c'est à dire de celles venues par concours, comme par exemple « Le lycée de technologie de Hambourg a planché, dans un de ses départements, sur "dessinez-nous un custom vraiment nouveau" et on a reçu les photocopies ce matin » – il y a aussi des "bibles de formes") mais aussi des lignes propres à la marque (une Renault ne doit pas ressembler à une Fiat)…

Et donc, miracle, le styliste, des fois, va complètement *Innover*, et présenter quelque chose qu'on ne pouvait pas prévoir, qu'on n'avait jamais vu, etc. Il réalise une authentique création. Ça se produit aussi dans d'autres domaines manufacturier que l'auto, bien sûr. Le nouveau par la rupture totale, la surprise, reste possible (les artistes le savent : il y a ceux qui voient et admirent ce qu'a fait un Moebius, et il y a Moebius qui ne *frime* pas, pas du tout).

Au Moyen Âge, cette théorie de la nouveauté réelle se nommait le *De Novo*. Et comme énoncé, le miracle de l'apparition de quelque chose de nouveau fonde la fascination pour le nouveau.

Ah bon, alors le sportif qui mettait sa culotte en vue pour jouer au tennis, c'est génial ? Une rupture totale avec le déjà vu ? Non… Dans les questions vestimentaires, les vêtements de dessous sont souvent remontés au dessus, ceux du dessus ont rapetissé, etc. (ce qu'on constatera dans n'importe quelle "Histoire du costume"). Ce qu'Agassi faisait résultait d'une tendance inscrite dans les manières de porter les vêtements. Quoi que, quand même, du fait de l'exemplarité… Car nous en arrivons à la dernière partie du propos : « pourquoi devrait-on ensuite l'encenser, le reconnaître… »… Et le génie est un personnage rare et positif, donc exemplaire. La section "Héros" s'achevait en parlant de modèle et d'exemplarité.

Il y a, dans le catalogues des idées concernant les esprits survivants des défunts (esprits survivants qui sont une idée invariante, commune à toute l'humanité à toutes les époques, que je m'amuse ici à relever et poser) une idée curieuse concernant les Manes. Vous n'en avez pas beaucoup entendu parler, et c'est bien normal, Saint Paul n'en parle pas, les pères de l'Eglise non plus. Les Manes, dans leur dernière forme historique, chez les Romains, sont les "Bons fantômes".

Par exemple, un pianiste qui vous dit « Je vais improviser à la manière de Berlioz » est censé sympathiser avec ses manes et son fantôme créatif. On y croit ou pas, n'empêche que vous voyez le sens du mot : les manes, c'est la radiance encore active de personnages qu'on ne veut pas oublier (c'est le bon aspect du fantôme). Vous avez compris, le culte du Génie, c'est sympathiser à ses manes.

Du coup, c'est qui fonde la recherche, l'élection et le culte de personnages dits géniaux, car la Société a besoin d'exemples et de modèles positifs. On invoque l'esprit politique de Montesquieu, la lucidité politique de Shakespeare (certains diront « Marcuse ! Bakounine !… » oui).

Conclusion, le Génie existe. C'est génial. Du coup, il se pare des figures de l'antériorité, de l'autorité paternelle. On parlera même, par exemple, du "génie grec" (puisque notre société *aurait* été formatée sur des idées novatrices et universelles en vigueur à Athènes). **Michel Barster**

1 - André Agassi fut professionnel de 1986 à 2006.
2 - J.C. Pichon, *Les dieux humains*, Payot, Paris, 1972.

LA CONTAMINATION ET LA CONCATENATION DES ARCHÉTYPES

L'inconscient collectif comme champ maillé en trois dimensions

Charles Imbert - Ecrivain

Définir l'inconscient collectif, ou le Noos d'Anaxagore, renommé Intellect par Platon, comme un champ maillé de lignes de forces dont les nœuds sont en fait les Archétypes est un des grands apports… de Jung, expliqué ou avancé par sa collaboratrice Marie Louise von Franz (1915-1998).

Contrairement à ce que pensaient les Égyptiens, en discernant les deux *Neter*, d'une part les Puissances (dieux) et les Principes (archétypes), il n'existe en fait que des potentiels, que des principes qui vont s'organiser en puissances. Les dieux reposent sur des archétypes. Par contre, l'apport indubitable des Égyptiens est d'avoir discerné, en les dotant de caractéristiques anthropomorphes sous une qualité totémique, que les dieux sont des archétypes compatibles avec l'esprit humain.

Un dieu se compose d'une fonction-vertu et de certaines colorations qui sont les fameux habillages transitoires des archétypes, si déroutant pour les novices, colorations qui sont les prémices des simulacres, ombres et dévolutions de l'Archétype en soi. Au nombre des colorations, il y a aussi, incidemment, et ce n'est pas la moindre des carctéristiques, le Nom du dieu. Quoi qu'il en soit, on peut résumer un dieu, soutenu par un archétype presque pur, comme un doublet Attributs/Attitudes (il faudra et il suffit).

En effet, les sources premières, les archétypes purs, ont tendance à se colorer, prendre divers aspects. Par exemple, quelqu'un se souviendra que le bas des murs de la chapelle qu'on vient de visiter en groupe est bleu, et un autre pèlerin les aura vus rouges, ces deux souvenirs n'ayant cependant pas le caractère de la certitude et du vécu, à moins que chacun ne se persuade et convertisse à la vérité de leur opinion. Peu importe qu'en y retournant, le bas des murs soit gris, pourpre ou même bleu azur, le souvenir était là, et un des visiteurs aurait pu, le soir, réaliser une aquarelle ornée de la couleur qu'il avait vu, ou

Le Temple de Philae. Les deux "tours" en avant sont les représentations architecturales des deux "jalons portes" qui sont des invariants des rites de passage ; on y verra les deux colonnes "anté-diluviennes" ou les deux campaniles des Cathédrales ; l'un des merlons représente les dieux (puissances), l'autre les archétypes (principes), selon Ferdinand Schwartz. Photo Marc Ryckaert / Commons.

conter dix ans plus tard la délicate nuance du bas des piliers. Les archétypes, de même, sont vus et interprétés, ce qui fait qu'au bout d'un temps, ils sont dévitalisée, car pourtant seule la vérité de base est fertile, opérante et reliée.

Une des colorations de l'archétype sera donc sa modalité anthropomorphe, et sa capacité de dialogue avec les esprits humains. Il serait néanmoins simpliste de s'en tirer ici par une pirouette en invoquant un créateur ou une intention créatrice réalisant des modèles à l'image les uns des autres, puisque c'est bien cette correspondance entre ce qui était vu comme *Anima Mundi* et petit intellect humain, séparé de l'intellect cosmique. Pour en dire néanmoins deux mots, la réalité est plus prosaïque.

L'inconscient Collectif/Noos/Intellect sous tend la Nature, la *Physis*, tout ce qui existe, y compris l'homme. L'esprit de l'homme est donc bien de même nature fondamentale que le Noos (comment pourrait-il d'ailleurs en être autrement ?). Cette identité se retrouvera dans les formes prises dans la nature : l'homme se trouve doté d'un corps, l'archétype se trouve doté de colorations, qui en font diverses figures, parfois transcrites par des artistes, qu'ils soient sculpteurs de totems ou de frises de temples. Corps et colorations correspondent ? Où est le problème ? Parfois d'ailleurs ils ne correspondent pas. Certains archétypes n'ont aucune possibilité d'adopter une coloration non pas ou plus anthropocentrique, mais anthropométique (nous parlons ici de métis, et non de morphos).

---

*Une des colorations de l'archétype
sera donc sa modalité anthropomorphe,
et sa capacité de dialogue avec les esprits humains.*

Les Nombres, par exemple, sauf par allégories spéciales choisies par des artistes voulant proposer une lecture, n'ont rien à voir, semble t-il, dans toutes leurs vastes qualités, avec le nombre Un qui pourrait représenter l'atome individuel, ou tout autre aspect des vécus et expériences humaines (nous retrouverons plus loin ce problème, qui n'avait pas échappé à Marie-Louise Von Franz, ni peut-être à Jung, mais qu'ils ne traitèrent pas au fond, encombrés d'autres aspects).

L'esprit humain, qui est donc de la même nature et substance que beaucoup d'autres entités spirituelles, se retrouverait donc à communiquer avec des archétypes compatibles avec ses propres modèles psychiques ? Non, l'esprit humain communique avec l'ensemble de l'univers psychique, et il est capable de traduire toutes les variation de celui-ci, l'histoire humaine le démontre (ou la philosophie, dès les premières pensées des Pré-Socratiques), de même que tous les efforts de traduction des penseurs et créateurs des divers âges et cultures de l'humanité.

C'est ce qui explique que les archétypes soient tous intelligibles par l'esprit humain, et qu'en retour ils soient amicalement compatibles avec la nature humaine (composée d'au moins deux registres, un animal et un éthéré).

Les théories fallacieuses sur un "inconnaissable par l'esprit humain" sont d'ailleurs toujours restées en deça d'un aussi fin degré d'analyse, se bornant en général (mais sur plus de 700 pages dans un dialecte allemand en cours sur la Baltique de l'Est) à constater qu'au fond du verre de schnaps, il y avait un fond, visible quand on avait tout essayé pour ne pas le voir (la philosophie allemande, toujours rodant autour du désespoir d'un gouffre sans fond auquel il manque les bords, ne termine en général jamais ses livres, ce qui est toujours mieux que la philosophie anglo-saxonne, qui a parfois donné

Le docteur Carl G. Jung dans le *New York Times* du 29 Septembre 1912 - Dessin d'auteur inconnu, photo du domaine public.

des ouvrages pensés auquel il manquait le début, le milieu et la fin).

Puisqu'on vient d'évoquer une composante animale, il faudra noter que certains archétypes concernent spécifiquement certaines espèces animales ou végétales en priorité.

Incidemment, la biomasse sur terre est représentée à 97% par le règne végétal. Si la nature sait calculer de manière arithmétique, on le remarquera dans l'utilisation par les plantes de certaines nombres, les composant ou les appliquant, qu'ils soient entiers ou irrationnels (Phi). De plus, l'idée que la conscience d'un animal soit en fait une "conscience d'espèce" (ce qui pourrait apparaître comme une culture, en somme, alors que l'atavisme y est tout), renvoie directement à des complexes psychiques dédiés, reposant eux aussi sur des archétypes de base.

L'esprit humain, qui est donc de la même nature et substance que beaucoup d'autres entités spirituelles...

Revenons à présent sur le champ maillé de lignes de forces dont les nœuds de forces convergentes qui sont en fait les Archétypes. Ce champ est bien sûr tri-dimensionnel, et quand nous choisissons d'utiliser le mot "maillé", c'est en fait en référence à la maille, une structure bi-dimentionnelle composée d'un seul fil composant un plan. La tapisserie en trois dimensions du champ des archétypes est de même analogiquement composée d'un seul fil ou chemin, ce qui n'a pas grande importance : ce fil se recoupant et formant des nœuds psychiques, le fil se tient et s'étend dans les six directions de notre espace. Il existe cependant deux directions supplémentaires, vers le subtil et vers le dense, inextricablement parties prenantes de ce champ, et qui traduiront la subtilité, l'essence, le raffinement du psychisme du champ, ou au contraire sa densité, son épaisseur, sa lourdeur (notion distincte du concept de masse).

De façon assez curieuse, Marie Louise Von Franz – l'acronyme MLvF sera utilisé dans la suite de cet article pour raccourcir son nom –, la collaboratrice et continuatrice de l'œuvre de Jung, est revenue sur ce qu'elle appelle une « grille » dans *La psychologie de la divination* (1), un ouvrage présentant en fait le texte de quatre de ses conférences à l'Institut C.G. Jung à Zurich en 1969 (texte qui est toujours, dans des cas analogues, revu, corrigé, commenté et amplifié). Bien sûr, le titre est limitatif et serait même décourageant pour un public non intéressé par la divination (celle-ci, par consensus social, est censée être une erreur, et une psychologie de l'erreur n'a rien de séduisant). De plus, un chercheur versé dans ce domaine pourrait avancer que dans ses deux premières conférences, MLvF aborde son sujet, la divination, en ne sachant pas très bien de quoi elle parle, ce qui induit hélas quelques inadvertances.

Heureusement, le Phénix reprend son envol dès la troisième conférence, et se met à voler à des altitudes que peu d'esprits humains peuvent atteindre.

Cependant, MLvF s'occupera d'abord de ce qu'on peut tirer d'une "grille" présentée dans sa première conférence, et non pas de sa structure aperçue ou postulée. Cette grille antérieure est évoquée à propos des travaux de Jung sur le Y-ching, et l'identification de matrices dans la culture chinoise. MLvF revient ainsi sur cette grille, cette fois en reprenant l'image des blocs de nom-

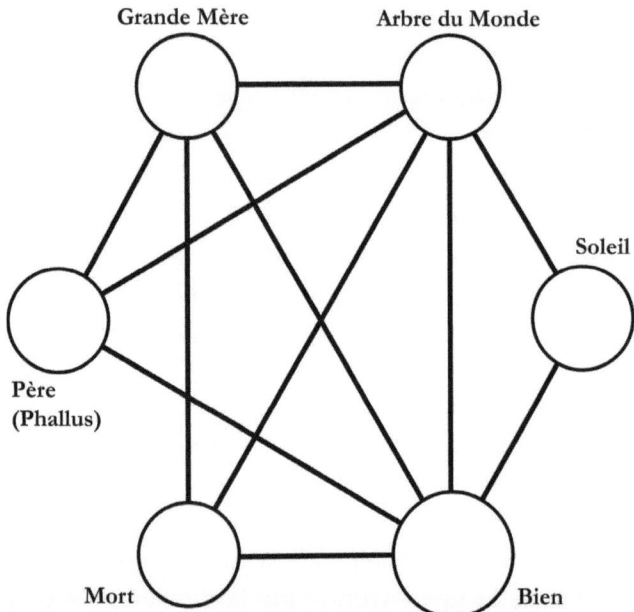

Ce Schéma présenté par Marie-Louise von Franz (exposé allongé horizontalement, et en évitant la relation avec un hexagramme) illustre les relations et concaténations de son exemple du pharaon Séti 1er s'abreuvant à un arbre doté d'un sein, arbre symbole de la Grande Mère portant le Soleil comme un fruit, mais situé au dessus d'un puits représentant la mort autant que l'endroit des racines… Le tronc de l'arbre étant aussi le père… Nous renvoyons à la 3ème conférence de la *Psychologie de la Divination* pour davantage de précisions. Infographie Eclosion.

bres ayant abouti aux champs d'Evariste Gallois (où on peut faire permuter des blocs en général formés de quatre nombre – ce qui a son importance – champs utilisés de nos jours en informatique ou dans les mathématiques). L'idée de telles matrice « correspondrait à l'idée archétypale du champ » note alors MLvF. Nous voici enfin dans le vif du sujet, et nous allons aller plus loin que Jung en nous engouffrant à la suite de ce que dit MLvF dans ce paragraphe :

« Je voudrais maintenant introduire une nouvelle idée, que Jung n'a pas utilisée mais qui, je pense, est clairement à portée de notre main, – cette idée ou ce concept du champ, pour explorer ce que Jung appelle l'Inconscient collectif, et qui serait un champ dans lequel l'archétype serait le seul point activé. Wheeler définit la matière comme un champ électro-dynamique dans lequel les particules sont les points excités. Par analogie, je suggère je suggère d'utiliser l'hypothèse que l'Inconscient Collectif est un champ d'énergie psychique, dont les points excités sont les archétypes, et que tout comme on peut définir des relations de proximité dans un champ physique, on pourrait définir des relations identiques dans le champ de l'Inconscient Collectif. »

Et voilà, c'est enfin énoncé. Immédiatement après cette proclamation, MLvF se lance dans un riche exemple de relations liées entre le Soleil, l'arbre de vie (le soleil est un de ses fruits), la Grande Déesse Mère (dans ses ramifications), le puits sous l'arbre, la mort, et bien sûr le tronc qui est le phallus (voir figure ci-contre). Cet exemple débouche sur la constatation suivante :

« Si l'on connaît assez bien la Mythologie, on peut construire de la sorte tout un réseau consistant à partir de chaque grand archétype jusqu'à chacun des autres. Il y a toujours une légende ou une saga qui réunit deux archétypes sous une forme nouvelle, et c'est une Tragédie que les gens ne s'en rendent pas compte. »

Observons que "la" mythologie évoquée ici est en fait "Les" mythologies et leurs systèmes universels (comme Jung l'exposa), et le terme "les gens" pointe uniquement vers ceux qui se préoccupent de lire ou chercher les sous-jacents dans les systèmes symboliques complexes. Notons également que MLvF parle d'une Tragédie.

Une Tragédie ? En effet. Elle cite alors l'exemple de nombreux savants et chercheurs qui ont pris fait et cause pour un archétype, réduisant des domaines entiers à "Tout est solaire" ou "Tout est végétal". Il faudrait même ajouter qu'une telle idée de réduction s'empara du monde méditerranéen, il fut un temps, pour proclamer "Tout est un seul Dieu", et nous aurions là les dimensions d'une Tragédie qui entrava – pendant un certain temps – la traduction et la mise en conscience de l'Inconscient Collectif par l'Homme.

Mais ce n'est pas là les commentaires produits par MLvF suite à l'exposé de son réseau. Elle précise en fait :

« Les Chinois diraient que si vous tirez une racine d'herbe, vous ferez toujours venir la prairie toute entière ; et c'était ce que Jung appelait la Loi de contamination des archétypes. »

Vous comprenez à présent pourquoi la grille, le réseau, le champ des archétypes peut en fait être présenté comme un maillage où tout est relié, et où, si on tire sur une maille, on touche à l'intégrité de tout le tricot. Car MLvF ajoute :

« Tous les archétypes, en effet, sont contaminés les uns par les autres. »

Il faudra ici oser sauter du mot contamination au mot concaténation, puisque Jung avait déjà défini des règles d'agencement et de relation des archétypes entre eux les plus proches.

Bien sûr, l'étude des règles d'agencement et de relation des archétypes entre eux peut commencer en prenant en compte l'archétype le plus proche de l'observateur, celui qui les étudie. A ce titre, l'archétype le plus proche étant celui du Soi, MLvF aborda l'exposé des constructions et agencements de Jung par celui-ci, tel qu'il est exposé dans *Aïon* (2). Ceci en notant que le Soi était en fait un archétype contenant (ou étant contaminé) par tous les autres… Ce qui ne nous étonnera pas, puisque le Self, en anglais, peut aussi désigner l'étendue psychique maximalisée, donc in fine l'Inconscient Collectif, le Noos-Intellect lui-même. C'est d'ailleurs sous cette forme qu'il est conçu par certains bouddhiste. Et cela en dépit du fait que Jung indiqua clairement dans Aïon que l'archétype du Soi… est aussi Jésus (c'est à dire le Christ, l'oint).

«…c'est une Tragédie que les gens ne s'en rendent pas compte. »

En fait, MLvF rapporte plus précisément l'opération de Jung dans Aïon, par sa démonstration que le meilleur modèle mathématique du Soi consiste en quatre pyramides doubles disposées

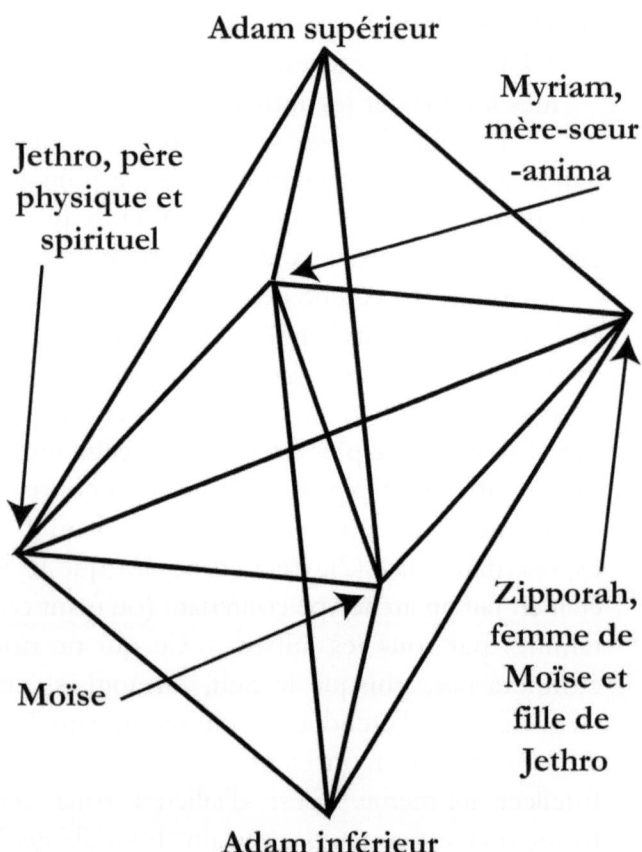

Le quaternion de Moïse présenté par C. Jung dans *Aïon*. L'adam inférieur est l'homme mortel commun, Moïse le Héros-père donneur de Lois, Zipporal, fille de roi et prêtresse, la Grande mère. De ce ternion découlent des commentaires, parallélismes inverses, concaténations...

en anneau... Et de déterminer que les processus dynamiques entre archétypes sont parfois représentés par quatre éléments, ceci débouchant sur un résultat en triade, ou, à l'inverse, de voir que la dynamique peut être un groupe de trois débouchant sur un quaternion.

[Le mariage du 3 et du 4 évoque aussi, immédiatement (certains nous reprocheraient sans doute de ne pas l'avoir indiqué) les pyramides elles-mêmes, qui sur une base à 4 côtés élèvent des façades triangulaires. A vrai dire, le mariage du 3 et du 4 donne surtout le septenaire et toutes les diverses qualités du nombre 7 (dont les 7 notes de l'octave), ou encore le nombre douze (les sept notes plus les demi-tons). MLvF ne manque pas de donner une dernière pyramide en illustration : celle de la tétraktys pythagoricienne, commentée par Platon dans le Timée.]

MLvF semble vouloir considérer ce système sous l'angle de certaines figuration complexes des systèmes de divination (géomancie ou Y-king), régis par des nombres entiers, alors que, bien sûr, ces arrangements dynamiques concernent l'entier maillage des archétypes. Avant de nous donner des exemples, elle nous emmène considérer le concept moderne d'énergie, qui a bel et bien remplacé celui de substance en physique, puisque c'est ce qui peut être mesuré quantitativement et décrit par le calcul des probabilités, ou défini pour le moins quantitativement par ce calcul. Elle rappelle que c'est bien conscient de ces nouvelles définitions, que Jung en avait tiré le concept d'énergie psychique.

Jung avait cependant spécifié que cette énergie ne pouvait pas être mesurée quantitativement, mais par l'intensité des sentiments. Et MLvF de spécifier que cette intensité s'exprime plus précisément par un ressenti d'attirance ou de répulsion. Encore des fois cette intensité peut-elle être frappante, comme un coup, indice d'une forte décharge de potentiel.

Le problème, non abordé par Jung ou sa continuatrice, c'est que ces intensités et décharges d'énergies émotionnelles psychique peuvent aussi être stockées dans de véritables condensateurs, qui sont l'appareil nerveux humain. Les intensités positives induisent joies, bonheurs, béatitudes et sentiments de satisfaction, mais les intensités négatives provoquent stress, énervements, colères, irritations et toutes sortes de manifestations d'intolérance. En fait, dans un milieu social,

---

*bien conscient
de ces nouvelles définitions, ...
Jung en avait tiré le concept
d'énergie psychique.*

---

comme celui d'une grande ville ou des foules se côtoient avec des incivismes, impolitesses, vexations et autres atteintes blessantes, les charges psychiques négatives peuvent se cumuler dans certains organismes cibles. Ici on touche non seulement au déplorable et au dommageable, mais à des mécanismes induisant ensuite les fameuses violences inter-sociales des polémologues, qui étudient les pulsions et décharges de haine dans des milieux clos.

En fait, une grande quantité d'événements vécus par les individus peuvent se traduire en terme de bilan énergétique : ils se sentent augmentés et enrichis, par exemple par l'information d'un fait réel et actuel. Ceci explique la vogue des "journaux" (diffusion d'actualités rénovantes) ou des "informations" (diffusion d'explications et précisions du réel, c'est à dire les "nouvelles") se prétendant véritables plus que vraisemblables, donc bien meilleures que les mythes. L'ennui évidemment est que souvent ces réalités et actualités sont en fait frelatées, faussées, biaisées, et qu'attiré par l'espoir d'un apport positif, l'individu se trouve en présence d'un ersatz (l'ersatz est le contraire du echte – véritable –, de même que le simulacre est le contraire de l'archétype).

Mais dans le bilan énergétique émotionnel, la moquerie, l'injure, l'insulte, le ricanement, et en général toutes les atteintes à la dignité, à la réputation et au respect (pourvu que ces atteintes n'aient pas été décidées et/ou consenties par l'individu, mais subies et imposées par force ou abus) seront des privations d'énergie. Ceci sera d'autant plus patent ou perceptible lorsqu'on aura réalisé de *fines* expériences en compagnies de vampires énergétiques, ou des entités des bas niveaux (parfois collées à la psyché basse d'une personne déréglée dans ses appétits de densités) : le sarcasme est l'outil du persécuteur avéré, mais de vrais petits parasites de l'arrachage de bribes d'énergies peuvent roder, exercés à des moqueries subtiles, des petits larcins subreptices, des gratuités d'attaques paraissant impolitesses bénignes, mais sont de minuscules gratifications pour leurs auteurs, et donc des privations pour leurs victimes. Tout se traduira au final dans les bilans d'énergie du "corps social" que connaissaient les anciens égyptiens, eux, au moins.

Il faudra simplement remarquer que le problème du gâchis d'énergie est fondamental dans les vécus humains. Ce problème a motivé et fondé une part très importante de l'enseignement de George I. Gurdjieff, personnage très important, aux apports immenses, dont on se débarrasse en général en le décriant, ce qui évite de l'étudier.

Les gâchis d'énergie, selon Gurdjieff, se produisent avec les émotions déplaisantes et non-nécessaires, dans l'attente de d'événements peu gratifiants, possibles ou impossibles, dans les mauvaises habitudes, dans la hâte et le stress non nécessaires, la nervosité, l'irritabilité, les rêveries complaisantes, les rêvasseries inutiles. L'énergie alimente alors des centres corporels qui n'en ont pas besoin, dans d'inutiles tensions musculaires hors de proportion, et dans une sorte de bavardage ou de fausse communication… De même, porter son "intérêt" à des choses triviales, ordinaires, répétées de toutes façons, à des images vides de personnes (ou à des personnes elles-mêmes demandeuses d'énergie !), dépenser son "attention" sont d'énormes gaspillages d'énergies qui seraient mieux employées à l'étude de soi et de l'environnement de vie (ou même, ensuite, pour les personnes évoluées, dans des déficits de communication avec les subtilités supérieures du supramental, cela va sans dire).

Est-ce à dire qu'il faut tout de suite s'efforcer de devenir un saint et de s'interdire de tels comportements ? Il faut déjà prendre conscience de ces vérités, puis vouloir s'en rappeler (ce qui est absolument impératif) pour graduellement commencer à limiter des pertes d'énergie. Il est inutile de se livrer à des travaux d'acquisition énergétiques et magnétiques si d'un autre côté, on se pollue, disperse et dépense à l'aveugle. Le but sera la règle de Zoroastre (pillée par les bouddhistes) : la pensée juste, le mot juste, l'action juste.

Jung a d'autre part parfois fourni des exemples de confrontations soudaines et intenses avec des archétypes (voir encadré), qui ressemblent fort aux "émergences spirituelles" (traduit de l'anglais Spiritual Emergency, qui introduit un jeu de mots basé sur le double sens d'emergency, à la fois urgence et émergence) de Stanislas Grof, qui sont parfois des épisodes vécus sur plusieurs jours, avec confrontations directes en rupture avec les pathologies classiques d'enfermement de la psyché dans des délires, puisque les vécus s'imposent de manière transitoire, comme dans les Etats Modifiés de Conscience, les transes ou les expériences mystiques, qui peuvent fort bien être

---

Edmond Rochedieu, tout à la fin de son ouvrage *Jung* (3) chez "Seghers Philosophie", nous a tranmis le contenu d'une courte conversation qu'il eut à l'été 1954 à Zurich avec C.G.Jung au sujet du surgissement soudain et dramatique d'une confrontation profonde avec les archétypes. Après avoir déploré que les psychologues et le public aient de grandes peines à saisir l'archétype, l'abordant sous un angle rationaliste, Jung donne l'exemple d'une rencontre directe de l'archétype. Ayant conseillé à un de ses étudiants de méditer sur l'image d'un de ses rêves... L'élève fut épouvanté de soudain constater que dans l'image qu'il croyait diriger et se représenter, quelque chose d'externe et de vivant le regardait, échappant à tout contrôle et rationalisme...

des excès psychologiques exacerbés auxquels l'individu, une fois la crise passée, n'aura plus accès.

A l'appui de sa présentation, MLvF fournit un exemple de conte classique du folklore russe, "Le Tsar vierge". Le Tsar à trois fils, dont un considéré comme un peu sot. Les trois fils partent chercher les traces du passé de leur père, et ce faisant, le troisième fils rencontrent trois sorcières nommées Baba Yaga (LA grande sorcière du folklore russe, de baba, femme, et yaga, sans doute serpent), qui sont sœurs et leur nièce,

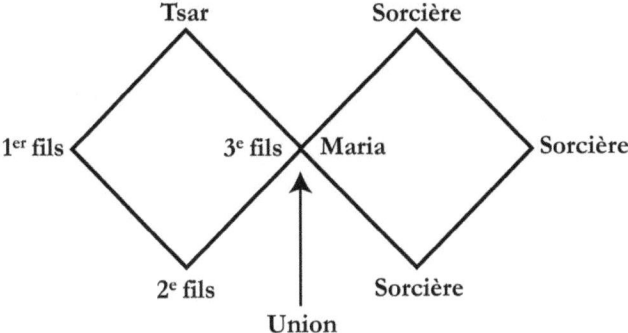

une belle jeune femme, Maria à la natte d'or. Suite à de nombreuses péripéties, le troisième fils épouse Maria, conquiert un autre royaume et ils ont des jumeaux. MLvF commente

Voici les fameux ternions et quaternions qui assurent la concaténation des archétypes. Marie-Louise von franz commente ces schémas en soulignant leur caractère dynamique pouvant s'étendre sans limites, principe connu de conteurs traditionnels dont les histoires sont sans fin…

abondamment les deux quaternions, leur union et la reconstitution d'un nouveau nucléus à quatre personnages.

En particulier, il existe des sous-ensembles de nœuds psychiques, qui, pour reprendre l'analogie de la maille, seraient des densités différentes dans la surface du tricot, vu non plus comme simple systèmes d'intrications planes (au besoin dans différents plans), mais comme véritable "macramé", donnant protubérances et sculptures de mailles en systèmes d'intrications complexes.

Une telle analogie rendrait compte des "inconscients collectifs locaux", groupés par exemple autour de l'esprit d'une ville, et agrégeant bien des forces psychiques, nourries par les émanations de sa population. La population créant ce qu'il est convenu d'appeler un égrégore (groupement psychique humain), de subtils jeux de forces seraient ensuite en jeu. Les archétypes ne seraient plus alors mis en relation (concaténés) par leurs identités, leurs vertus, leurs fonctions, mais par un système de sous-jacents

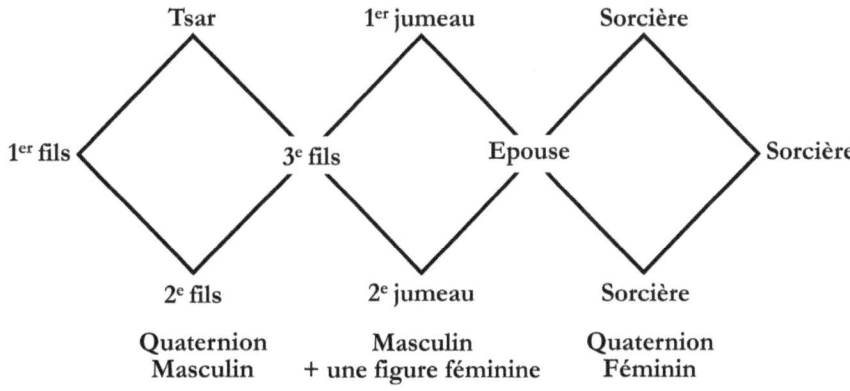

communs à l'aire locale de l'inconscient collectif local (le gros ensemble de macramé noué).

Certes, toute adaptation d'un archétype reste relié à sa source : les archétypes présents dans un ensemble local, et qui semblent distincts de leurs origines, masquent en fait, très souvent, leur intangible puissance sous l'apparence de la couleur locale. Il n'empêche que l'inconscient collectif local, même en tant que coalition d'archétypes colorés, déteints, éloignés de leurs sources, entend servir ses propres intentions, car l'intention est ce qui définit l'entité psychique distincte.

Quelles peuvent être ces intentions ? S'agissant d'archétypes compatibles aux formes anthropiques, ils aideront ou parasiteront l'humain. Bénévolents ou parasites, ils obéissent là à un sur-programme d'organisation que l'on nomme la hiérarchie, qu'ils partagent autant qu'ils représentent.

L'affaire se compliquerait, lorsqu'on sait qu'il existerait dans l'univers, selon des *occultistes*, deux grands courants d'énergie psychique, l'un constrictif, l'autre expansif. Il y aurait ainsi deux grandes hiérarchies de points excités (les archétypes) dans ces deux champs. Il faudrait concevoir ces champs comme complémentaires et opposés, comme l'austral et le boréal.

Dans le cadre de ce postulat non démontré (ou corroboré, semble t-il) mais présentant un

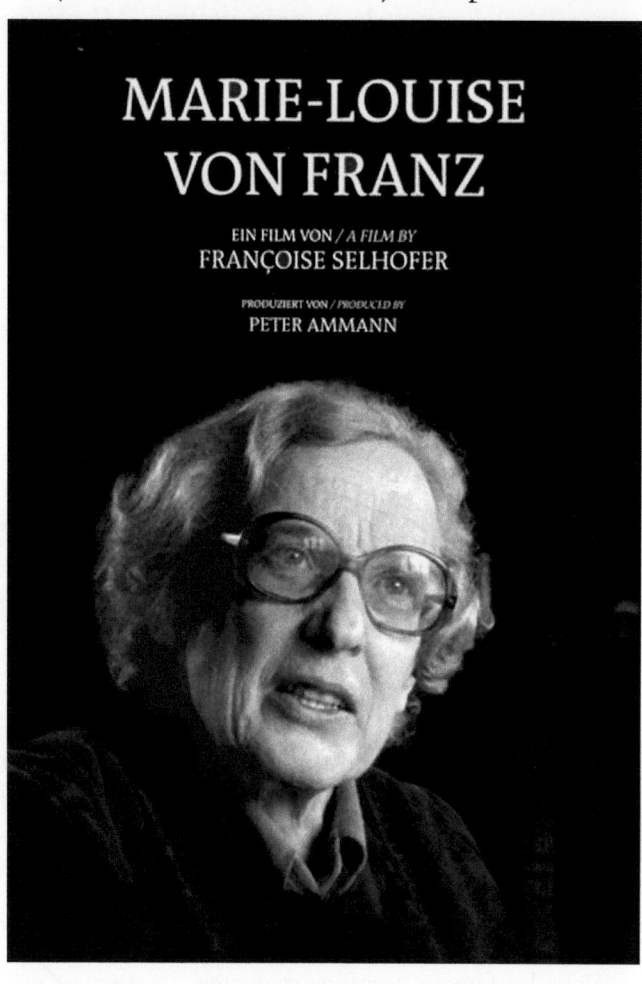

Un DVD, *Marie-Louise von Franz, Bollingen, septembre 1982* a été ré-édité en 2015, en direct-master et avec des sous-titres en anglais. Durée 41 minutes, son original en allemand, voix-off en 4 langues: anglais, français, espagnol, italien.
Dans ce film de Françoise Selhofer, Marie-Louise von Franz donne un aperçu de sa propre vie, de sa rencontre et de sa collaboration avec C.G. Jung, sa compréhension de la psychologie, la genèse de son travail et la façon dont elle travaille. Elle répond également à des questions sur l'interprétation des rêves, la créativité, la synchronicité, l'alchimie et les problè-mes de temps qui pèsent sur nous. Le texte de l'interview est publié dans Jungiana, série A, volume 2.
Auteurs: Marie-Louise von Franz, Françoise Selhofer.
                                                                                    Publicité gracieuse.

parfum de cohérence assez séduisant, les archétypes collaboreraient par affinité de groupes dans le champ de l'ordre, de la vie, du néga-entropique, de manière hiérarchique, et en suivant la progression des nombres. Mais étant aussi reliés aux archétypes ombres du deuxième champ, chaotique, dissolvant (entropique) et négatif, certains archétypes étant apparus comme positifs pourraient se révéler tout à coup négatifs. La fonction d'inversion serait elle-même confiée à un archétype (qu'avaient identifié les anciens de manière assez précise en le nommant Dionysos, vu comme Apollon inversé).

MLvF commencera sa quatrième conférence par un rappel d'importance :

« J'ai déjà introduit l'idée que nous pourrions définir l'inconscient collectif comme un champ dont les points excités seraient les archétypes »,

puis elle insiste sur le fait que l'archétype du Soi régule l'ensemble de ce champ. Elle revient ensuite sur l'ordre de ce champ et précise que cette idée a intéressé de nombreux chercheurs, le premier étant peut-être Platon insistant sur la pyramide de la Trétraktys.

L'affaire se complique lorsqu'on sait qu'il existerait dans l'univers deux grands courants d'énergie psychique...

L'ordonnancement par le nombre a ensuite intéressé Aegidus de Vadis ou Agrippa Von Nettesheim, cités par Jung, qui insistaient sur le fait que tous les éléments (nous pourrions dire "les étants") se trouvaient en connection ou affinité avec des nombres entiers particuliers. il y eut donc, dans l'Antiquité et la Renaissance, de nombreux essais pour construire ou modéliser les représentations des champs archétypiques et leurs concaténations ou sur-ordres par les nombres.

MLvF débouche alors sur la question des archétypes anthropomorphes, abordée au début de cet article, s'étonnant qu'entre un nombre et la grande déesse mère (par exemple), il y a quelque chose de "beaucoup plus abstrait". C'est, à notre sens, ne pas savoir ou vouloir ouvrir les yeux : entre un verre d'eau et une fourmillière, il y a aussi des degrés "beaucoup plus abstraits", qui sont le reflet de l'organisation et complexification des étants et existants. D'autre part, il y a certes des archétypes reliés à l'homme, mais il y en a aussi qui sont reliés au cheval ou à la fourmi. De plus, les archétypes de manifestent dans divers ordres de grandeurs et de cosmos, et même divers temps ou durées… Pour évoquer cette complexité, MLvF cite alors le fort connu Mandala Jungien, qui, on le sait, est une approche assez malhabile (ou superbe, selon les avis) d'un autre modèle, qui est en fait le fractal (mais MLvF ne va pas jusque là). Le fractal et ses fascinantes extensions et expansions eurent bien entendu leurs heures d'analogies apologétiques, de même qu'un autre modèle du dépliement, l'hologramme, fut souvent repris, à une époque, comme référence analogique cruciale.

Notre auteure ira plus loin en citant deux mandalas imbriqués : celui de l'éternité (le temps sans durée, a-causal) avec sa connaissance globale, et celui du temps apparent (où les enchaînement factuels semblent suivre un déterminisme physique cause->conséquence). Et de se demander comment les deux mandalas sont reliés (elle publie un schéma où les deux mandalas, vus comme des roues, se croisent de manière transversale). C'est à mon sens avoir mal compris le pourtant fertile exemple du champ : un champ d'énergie n'est pas bi-dimensionnel, mais sera en 3D : les deux *mandalas* (faudrait-il y voir du macramé ?) en 3D se recoupent en tous points.

Avoir amené la divination et les voyants, plus ou moins accusés de diverses impropriétés, dans *La psychologie de la Divination* donne un faux titre, des approches biaisées, des contresens et un quatrième de couverture hors sujet. La divination n'est là que par raccroc (pour mal en traiter, tout en récoltant les détestations associées au sujet).

...comment se fait-il que les voyants voient mal ?

En effet, certains voyants ont la capacité d'accéder à la vision des ordres sous-jacents où l'avenir est programmé par des chaînes de probabilités causales fortes ou faibles, virtuelles donc d'ordre énergétique. MLvF se posera la question « comment se fait-il que les voyants voient mal ? » alors qu'elle pourrait tout aussi bien, ou mieux, demander « comment se fait-il que tout un chacun n'y voit quasi rien du tout ? ».

Faux titre ? L'intitulé anglais de l'ouvrage est *On divination and Synchronicity, the psychology of meaningfull chance*. Ça c'est un titre, et la référence à la "psychologie" pourrait être reléguée en sous-titre. Mais peu importe… Entre divination et divin, il y a la même racine, et l'ouvrage de MLvF commence d'ailleurs par la phrase : « Vous connaissez peut-être le fait amusant qu'à l'origine, la divination a toujours été pratiquée dans les Eglises ». Et de citer dans la seconde phrase, en exemple, les pratiques des anciens Juifs, qui avaient un oracle divinatoire "dans leurs sanctuaires de Jérusalem". Problème de traduction ? car si un sanctuaire peut passer pour une église, on ne voit pas bien ce qu'il y aurait d'amusant à voir la divination, autrefois respectable, servir à connaître les intentions supérieures des divinités. MLvf a bien traité de certains sous jacents de la divination, mais ce sera dans *Nombre et temps* (4)…

Ensuite, ce recueil des conférences de MLvF est en fait, de bout en bout, un exposé des prémisses de… « la découverte de l'ordre objectif de l'Univers » (mots qui closent son livre).

Charles Imbert

1 - Marie Louise von Fanz, *La psychologie de la divination*, Albin Michel, Paris, 1995.
2 - C.G. Jung, *Aïon*, Albin Michel, Paris, 1983 – L'exemplaire dont je dispose est publié chez Princeton University Press, New Jersey, 1969)
3 - Edmond Rochedieu, *Jung*, Seghers, Paris, 1974.
4 - Marie Louise von Fanz, *Nombre et temps*, La Fontaine de pierre, Ville d'Avray, 2012.

ACTUALITES

Il faut impérativement signaler, comme lié au thème de ce numéro sur les les Archétypes, la tenue du :

IVème Congrès de Psychologie Analytique qui se tiendra au Palais des Papes en Avignon du jeudi 30 Août au dimanche 2 Septembre...

Le thème en sera :
« **Bridging the Familiar and the Unfamiliar in the Europe of Today Cultural, Clinical and Theoretical Perspectives** »

Ce numéro de Un Temps sortira avant la fin Juin 2018, aussi nous espérons que vous aurez le temps de vous renseigner davantage, afin de peut-être faire une visite au chef-lieu du Vaucluse.

Il n'est pas prévu que notre revue couvre l'événement, mais nous aurons peut-être le plaisir et de publier une petit notule sur cet évènement.

Voici reproduit l'annonce du *Program Committee*, publiée en Mai 2016 (nous n'avons pas de nouvelle version à la date de notre bouclage) :

Since the beginning of the XX Century Europe has witnessed the demise of empires, the passing of brutal ideologies, the Shoah and other genocides and mass-murders, the fall of the Berlin Wall, the end and a possible re-emergence of the Cold War as well as a massive reorganisation of the global economy. The aftermath of these upheavals continues to challenge the values of the Old Continent. The destruction of the old equilibrium has brought about the surge of radicalism, terrorism and the mass movements of uprooted people. What is now in the process of emerging is unknown.

In the world of uncertainty, with diverse cultures living in ever-closer proximity, a changing Europe either closes its doors or opens itself to the unknown. The individual is also confronted with the shifting boundaries within and towards the world without. Conflicts have emerged between the inner and the outer, the old and the new.

In this context, many questions have been raised with regards to the evolution of clinical practice, professional regulations and theories of analytical psychology, especially during the last few decades.

We would like the IV European Congress of Analytical Psychology to be an opportunity for an authentic sharing of experiences, ways of thinking and reflections on the diversity and creativity of our profession. Within the range of our differences, we hope that a common identity might emerge in our Jungian approaches to these difficult issues.

The Program Committee, May 2016

Des coups de fil de l'AU-DELA ?
Laurent Kasprowicz

Ce livre n'est pas placé dans la rubrique "critique littéraire" pour quatre raisons : la première, c'est qu'il est sorti ce printemps 2018 et fait donc partie de l'actualité ; la seconde, c'est que je connais Laurent et que la critique serait de parti pris, aussi mieux vaut en parler avec davantage de place que pour un petit billet ; la troisième, c'est que c'est un événement qui dépasse la simple publication littéraire, puisque les médias (télé officielle et webTV) en ont parlé. La quatrième, c'est parce qu'il y a vraiment un peu plus à en dire que « c'est un bon bouquin ».

Le phénomène des coups de téléphone passés par des défunts n'a rien à voir, ni avec la médiumnité (j'ai vécu avec une telle médium, assez pour savoir que *si les contacts sont autre chose que de la communication, par exemple de la voyance sur la personne demandant un contact, de manière à annoncer des choses, c'est une voyance uniquement sur et autour des défunts, ce qui ouvrira un autre champ d'enquête*), ni avec la TCI, la Trans-communication-instrumentale, qui consiste à aller dépister des messages dans des bruits de fonds, des parasites d'instruments, etc. Les défunts se servent bien d'un instrument dans notre champ de réalité, le téléphone en l'occurrence (et autrefois communiquant par les téléphones filaires) mais sans qu'on n'ait rien demandé. Il y a même le cas d'un coup de téléphone passé par un animal défunt (!).

Laurent n'est pas le premier à traiter de ce phénomène, puisqu'il cite le cas de deux références, des publications ango-saxonnes, assez peu connues semble t-il (je ne suis pas allé voir à la Bibliothèque de l'Institut Métapsychique, mais s'ils les ont, chapeau). A part lui, néant antérieur en France, au point qu'il s'est attiré des réponses méprisantes de prétendus responsables dans des maisons d'édition, qui n'y connaissaient rien et l'ont envoyé balader (du coup, il s'est auto-édité, pêché monstrueux signalant l'état de l'édition).

De plus, comme dit Laurent (dans une émission passée sur une webTV) : « Les parapsychologues n'aiment pas ça, parce que ça repose sur des témoignages ». En effet, nous tombons dans des cas de productions de faits non reproductibles, tout à fait aléatoires, donc la Science officielle ne peut pas en tenir compte, et se fera même un devoir ne pas même se soucier de quoi que ce soit à ce sujet. Quant aux parapsychologues, adossés aux communautés scientifiques internationales pour avoir accès à des données, ou parfois des outils, ils n'aiment pas indisposer leurs *amis*, et sont d'une frilosité plus que remarquable (c'est à dire absolue, entre autres défiances ou bornes mentales) dès qu'il s'agit de s'encombrer de faits qui pourraient déclencher une dérision ou l'accusation de folie douce.

Après avoir ainsi beaucoup parlé autour du livre, que propose celui-ci ? Une grande collection de témoignages présentant une certaine typologie (sur laquelle Laurent travaille), et l'amorce d'une hypothèse explicative, formulée en fin d'ouvrage. Seulement, cette explication fait surtout sens pour Laurent, qui a rencontré le Trickster (sous son bon côté) lors d'une expérience personnelle.

Sa présentation du trickster, agent censé être bien connu de quantités de personne, aurait peut-être mérité davantage de pages, mais sachant qu'il y reviendra, patientons. En attendant, on pourra toujours se tourner vers un ancien exemplaire du *Bulletin Métapsychique*, le N°8 de mars 2011, consacré au Trickster (faute de se procurer l'ouvrage en anglais de George Hansen). Avant Hansen, Jung s'en était pourtant occupé, et définissait le trickster comme un archétype changeur de formes, appréciant les farces et attrapes, possédant des côtés sombres ou animaux. On le retrouvera aussi, de fait, comme un des "patrons" de l'élusivité (fonction de déception du résultat se dérobant).

Oui, Laurent a raison, il y a au moins une divinité là dessous, ne serait-ce que pour permettre le passage du message. Cette divinité était clairement identifiée par les anciens, et sous la description de Jung, on retrouvera sans peine notre ami Dionysos (présent lui aussi dans les Cultes à Mystères, ne serait-ce que comme dieu des processions ou du carnaval). Dionysos est un des nombreux noms, un des nombreux masques du dieu des Morts, Aïdoneus (dit aussi Usere, ou Osiris), nom souvent raccourci en Hadès, et qui devint Sérapis à l'heure des syncrétismes (et un dieu à Mystères, copiés sur ceux d'Eleusis). Bien sûr, le dieu des morts peut beaucoup...

Obtenir le livre ne sera hélas pas aisé, car bien que doté d'un ISBN et ayant fait l'objet d'un dépôt légal (on le trouvera donc à la BNF), il n'est pas à ce jour référencé sur les grands sites de vente en ligne.

Le mieux sera donc de se connecter sur https://www.descoupsdefil.fr ou de retrouver Laurent sur FaceBook pour se procurer un exemplaire de manière directe. De manière aussi plus simple, l'excellente Librairie Odyssée, par exemple, (https://www.librairie-odyssee.net/) devrait prochainement le proposer à la vente en ligne.

Charles Imbert

LES ARCHÉTYPES A LA BASE DE LA STRUCTURATION DE LA MATIERE

A la découverte de l'ordre objectif de l'Univers

Yves Le Maître - Ingénieur Expert en Sécurité Incendie

L'archétype, selon Jung, est une structure de champ psychique.

L'archétype premier, essentiel sous la forme que nous connaissons ici-bas, c'est l'organisation de la matière, exprimée sous la forme des atomes. C'est à cette conclusion que nous arrivons lorsque nous prenons le temps de d'observer la cohérence, et plus avant l'intelligence qui président à structure atomique de la matière.

Les atomes, dans leur variété et leur complétude constituent un ensemble cohérent, construit et intelligent qu'il convient de considérer à la fois dans leurs particularités et dans leurs ensembles, et sur-ensembles que sont les molécules.

Les archétypes, pour être opérants, se doivent d'être empathiques.

Ici l'empathie doit être vue comme un système de compatibilité qui permet à chacun des éléments de bénéficier des avantages apportés par les autres, pour peu qu'ils soient les uns pour les autres la continuation d'un processus logique. Il s'agit d'une complémentarité dans le cadre d'une finalité à plusieurs échelles. Chez les êtres vivants, l'empathie permet d'organiser le système de reproduction, et plus avant les systèmes sociaux chez les êtres les plus complexes.

Chaque type d'atome se distingue des autres par ses qualités, appelées aussi propriétés physiques et chimiques. La répartition universelle de la matière est la cause, ou la raison, de l'hypothèse d'une source unique à l'origine de l'univers matériel, hypothèse ayant abouti à l'invention d'une explosion comme source de tous les événements matériels, dont les lois physiques et les phénomènes cosmiques. Cette explosion expliquant par elle-même toute l'harmonie des formes, de l'homogénéité de la répartition de la matière dans l'univers.

Cette hypothèse explosive, dont la physique la plus moderne précise bien qu'il ne s'agit que d'une hypothèse, mérite d'être mise en balance avec celle que l'on peut trouver dans des écrits quelque peu plus anciens que la physique moderne, et qui considèrent que la création de l'univers est issue de la rencontre du prana et de l'Akasha. C'est version trouve son origine en inde, elle est probablement aryenne. Pour mémoire L'image de l'esprit de Dieu planant sur les eaux en est une autre expression.

Dans cette autre version de l'origine de l'univers, l'Akasha peut être compris comme l'élément structurant, et le Prana comme la source de l'expression de la structure. Le Prana, c'est le souffle, le mouvement, l'énergie primaire connue aussi sous le nom de Chi, ou d'Ether.

L'Akasha est connue d'un certain nombre de nos contemporains, et de nos prédécesseurs de la même façon, lors de certaines expériences assimilables à des expériences mystiques par bien des aspects, et que l'on nomme aujourd'hui *Near Death Expérience*.

...l'Akasha peut être compris comme l'élément structurant, et le Prana comme la source de l'expression de la structure...

L'Akasha est la concentration de tous les archétypes, et des liens entre tous les archétypes. Dans l'Akasha, tout paradoxe trouve une explication logique. Dans l'Akasha, l'organisation de la matière va de pair avec la construction de la conscience, non pas par une empathie fumiste, mais par une logique redoutable et irrépressible qui à elle seule explique le ressort constant que connait le monde à se structurer pour faire apparaître la vie.

Dans la rencontre avec l'Akasha l'individu lambda, impréparé, se trouve en capacité de connaître toute chose dans l'univers. Dans ce domaine, les témoignages sont nombreux. Dans des cas rares, cette expérience peut se traduire par une guérison spontanée, totale, définitive et inexplicable y compris lorsque la maladie, ou l'accident sont mortels.

Le concept d'akasha présente de nombreux avantages, car il permet à la fois de donner une explication sur l'origine de la matière en incluant une logique évolutionniste et donnant un système de causalité aux expériences mystiques, ce que ne permet pas la théorie du Big Bang. Cette approche simple, efficace et élégante montre la présence de l'intelligence dans toutes ses expressions, lorsque la réponse pour le moins obscur décrit le hasard ou l'instinct, par l'obligation de répondre à un modèle déraciné.

La logique évolutionniste de darwin peut se résumer par : la raison du plus fort est la meilleure, et le hasard fait bien les choses.

La logique évolutionniste à laquelle nous faisons référence, et qui ne porte pas de nom tellement elle est évidente, se résume par : l'efficacité est obtenue par l'intelligence.

Chaque atome possédant un caractère propre, répandu universellement, est par essence l'expression d'un archétype.

Revenons à la matière : les atomes et leurs variations isotopiques, dans leur ensemble, conservent leurs propriétés et c'est par leur propriété qu'ils sont identifiables. Ces propriétés constituent leurs caractères, leurs qualités, leurs identités et donc leurs raisons d'être les uns par rapports aux autres.

Ces qualités sont complétées par celles des molécules qui viennent s'ajouter aux éléments initiaux en termes de potentiels.

Chaque atome possédant un caractère propre, répandu universellement, est par essence l'expression d'un archétype.

Cette expression se réalise au travers d'une tension permanente entretenue par le prana, l'archétype constituant un prisme déclinant une partie de la tension et de ses aspects, de manière similaire à celle d'un prisme translucide mais teint décomposant un flux lumineux, initialement complet.

L'ensemble des atomes constitue une structure logique qui se développe harmonieusement. Chacun des éléments se distingue notamment par sa masse atomique. Lorsqu'on les organise selon cette masse, ils montrent une périodicité de leurs propriétés. Ces propriétés sont donc en lien avec leur constitution physique.

Pris dans leur ensemble, le sens et la raison d'être de chaque atome se trouve dépendante de la présence de tous les autres, ce qui constitue le premier signe de l'empathie.

Les atomes sont répartis selon un tableau connu sous le nom de tableau périodique des éléments, initialement conçu par le chimiste russe Mendeleiev en 1869. Il déclara à propos de ce tableau :

« Les propriétés des corps simples et composés dépendent d'une fonction périodique des poids atomiques des éléments, pour la seule raison que ces propriétés sont elles-mêmes les propriétés des éléments dont ces corps dérivent. »

Le chimiste Français Lavoisier expliquait les propriétés des corps composés par celles des corps simples ; Mendeleïev expliqua les propriétés des corps simples par celles des éléments.

Mendeleïev écrira plus tard :
« Vers 1860, le terrain était déjà tout préparé pour cette loi, et si elle n'a été énoncée que plus tard, la cause réside, à mon avis, en ce que l'on comparait entre eux les éléments semblables, en laissant de côté les éléments dissemblables ».

Il semble donc que le caractère de la logique intrinsèque de la matière n'ait pas été perçue, mais bien recherchée par les chimistes du XIXe siècle.

Le génie de Mendeleiev ne s'arrêta pas là ; décidé à donner une explication chimique à l'éther, il formula une hypothèse fondée sur l'existence de deux éléments chimiques inertes plus léger que l'hydrogène.

Le plus léger étant supposé tout pénétrer, le second, plus lourd appelé coronium, du latin « *corona* », couronne. Ne serait-ce pas l'intuition du Prâna et de l'Akasha ?

Dimitri Ivanovitch Mendeleiev en 1861.
Photo russe du domaine public.

Pris dans leur ensemble, le sens et la raison d'être de chaque atome se trouve dépendante de la présence de tous les autres, ce qui constitue le premier signe de l'empathie.

En 1869, seuls soixante-trois éléments étaient identifiés, contre quatre-vingt-douze observés dans la nature, auxquels il faut ajouter les vingt-six fabriqués artificiellement à l'heure actuelle. Les chimistes de l'époque cherchaient un moyen de les classer de manière cohérente, de la même façon que le faisaient les entomologistes avec les espèces vivantes.

Depuis cette époque, le classement des espèces vivantes et leur évolution a été de nombreuses fois révisées, avec notamment les progrès dans les analyses chimiques et génétiques.

Le tableau périodique de Mendeleïev quant à lui s'est trouvé magistralement confirmé depuis sa création par la loi de Moseley. On s'est contenté dans les années qui ont suivi l'établissement du tableau périodique, de remplir les cases vides, qui pour certaines avaient été déjà prédites dans le détail par Mendeleïev.

Moseley était un physicien anglais qui utilisa la spectroscopie de rayons X. En 1913, il tira de ses observations une relation mathématique systématique entre les longueurs d'ondes des rayons X observés et les numéros atomiques des métaux étudiés. L'organisation atomique telle qu'envisagée trouvait une confirmation remarquable qui allait sceller le modèle.

De plus, le travail du physicien Moseley contribua à confirmer le modèle de l'atome Bohr, toujours en vigueur aujourd'hui.

Ce sont ces progrès en physique qui permettent à la technologie actuelle de s'affiner d'année en année.

Cette perception du monde a changé notre mode de vie, et cette perception continue d'évoluer, avec l'évolution des instruments de mesure, permettant de nouvelles observations, débouchant sur l'amélioration ou le renouvellement des modèles.

Le tableau a été finalisé en 1945, mais il comporte des éléments à ce jour jamais découverts. (voir lanthanides et actinides). Toutefois, le

L'arbre phylogénétique (domaine public) d'Ernst Haeckel, daté de 1879 a été repris et amendé : voir page suivante...

plutonium, élément longtemps considéré comme strictement artificiel a été identifié en petite quantité dans des mines d'uranium en Afrique. Il est ainsi possible que l'on découvre des éléments artificiels dans la nature.

Dans les années 90, un physicien québécois, Pierre Demers, propose de revoir le tableau périodique. Non pas dans son contenu, sinon à la marge, mais dans sa forme. Son analyse s'appuie sur les plus récents progrès, notamment sur le spin (sens de rotation) des électrons. Son approche est intéressante puisqu'elle renvoie à l'organisation du vivant, qui découle de l'organisation de la matière selon un processus déjà décrit par Platon et Pythagore. Il nomme ce tableau périodique le Québecium, du nom de l'un des éléments qu'il invente en lieu et place d'autres éléments artificiels du tableau officiel pour compléter sa version.

L'atome n'est pas un élément, c'est une fonction, chaque fonction prend son sens par rapport aux autres fonctions...

Cette dernière est remarquable, car elle ne comporte aucune case vide, ne remet pas en cause le tableau de Mendeleïev, mais va plus loin, forte des progrès de la science physique.

Ainsi, l'hypothèse d'un archétype déterminant la matière, issue d'une logique invariante, mais débouchant sur un potentiel régulé par cette logique invariante trouve une correspondance dans le tableau du québecium.

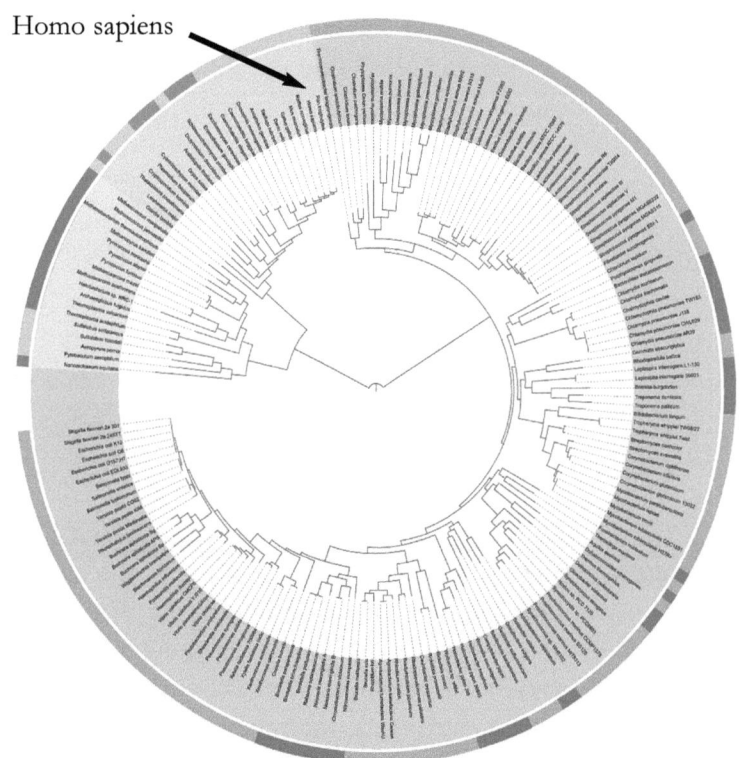

La version 2006 de l'arbre phylogénétique, basée sur le génome d'après Ciccarelli, avec au centre l'élément unique dont viennent les espèces des trois clades ; les eubactéries, les archées et les eukaryotes (dont les pluricellulaires).
Cette illustration tend à montrer en exemple une figure cladistique (de classement). On nous excusera l'impossibilité technique de fournir une image réelle (qui serait hors sujet), l'original lisible de cette image se trouvant en particulier chez *Wikipedia Commons* ; auteurs : Ivica Letunic, retracé par Mariana Ruiz Villarreal.

De même, les observations récentes sur le comportement des couches électroniques des éléments intervenant dans la structure de l'ADN semblent indiquer une adaptation à cette situation particulière.

Quelque chose d'invisible agit sur la matière pour orienter dans une certaine limite et selon sa logique les facultés particulières des éléments. Ces observations sont à la pointe de la physique quantique.

L'atome n'est pas un élément, c'est une fonction, chaque fonction prend son sens par rapport aux autres fonctions, qui combinées entre elles en font émerger d'autres, très exactement comme un système très élaboré mais extrêmement rigoureux et généreux d'équations mathématiques. Si un tel potentiel donne un résultat cohérent et surtout durable et adaptatif c'est la preuve de l'intelligence, dans la matière et par la matière.

Ce processus peut être le même pour tous les archétypes, pour peu que les conditions soient réunies. En effet, la tension doit être suffisante pour permettre l'expression matérielle de l'archétype, soit par une manifestation physique, soit par son intégration par une psychée, humaine par exemple.

On observe cet effet à travers l'usage des ondes dites « de forme », dont la réalité physique est facilement démontrable puisqu'on en observe les effets physiques, mais dont les mesures restent strictement intuitive – *quoi que corroborables, ndlr* –, à l'aide de pendule ou d'instruments dits de radiesthésie.

Accepter l'idée que la physique,
c'est de la biologie ou inversement
est extrêmement difficile

On constate par ailleurs qu'avec l'augmentation du prana, les caractères et les aspects profonds des individus se trouvent raffermis, mais aussi leurs fonctions vitales.

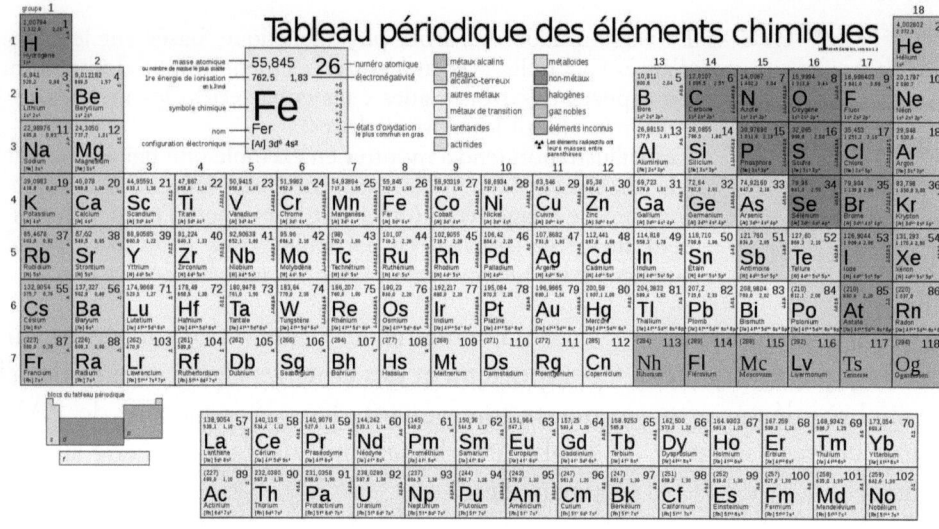

Ce Tableau périodique des éléments figure ici pour mémoire, tout le monde ayant en tête cette disposition faisant figurer les alcalins dans la première colonne verticale, les alcalinos-terreux dans la seconde, les métaux au centre, les métalloïdes, non métaux et halogènes en haut et à droite.
L'origine de ce fichier est encore *Wikipedia Commons*, et son auteur en est "2012rc".

Mais ce genre de manipulation, hors de la cohérence normale, implique une régulation qui s'impose d'elle-même, comme le font les différents niveaux d'eau des océans, sous l'influence des marées et de la gravité planétaire.

L'expression d'un archétype en dehors d'une fabrication artificielle, par des processus naturels autonomes, suit des règles qu'il faut pouvoir déterminer. Ainsi, de l'hypothèse de l'archétype, nous entrerons dans la connaissance de l'archétype.

Selon Jung, tous les archétypes se contaminent les uns les autres. Il faut comprendre la matière exactement de cette façon-là. Mais, alors que Jung n'entend pas mesurer l'énergie psychique, Wilhelm Reich la mesurait avec des voltmètres sur le corps humain, et encore d'autres appareils dans l'atmosphère.

C'est ici que le modèle physique trouve une limite, dans l'observation de phénomènes que ce modèle ne peut ni prédire, ni expliquer.

Ainsi, l'eau en mouvement génère un courant électrique, et non des moindres, ce qui explique en partie sa propriété de solvant absolu.

Ce qu'il y a de surprenant dans l'histoire des recherches humaines les plus récentes, c'est-à-dire après l'invention de la machine à vapeur qui déclencha l'ère industrielle, c'est l'impossibilité d'obtenir une synthèse de toutes les disciplines, et à contrario, leurs régulières oppositions.

Lorsque Maxwell met en évidence que la chaleur n'est qu'une onde lumineuse, en l'occurrence les infra-rouges, il permet l'unification des sciences physiques. Sauf que cette unification exclut de son modèle tout ce qui remet en cause la vision mécanique de la réalité matérielle.

La gravité n'a toujours pas réellement trouvé sa cause, sinon l'antigravité serait de rigueur, le temps fait toujours semblant d'exister bien qu'il n'existe pas le moindre instrument pour le mesurer, et surtout la vie n'a pas de raison d'être. C'est un accident de la nature.

Le Tableau du Système du Québécium, présentant une cohérence supérieure en manifestant des symétries (harmonies) évidentes, ce qui renvoie à la géométrie comme expression qualitative des nombres.
Ce tableau a été inventé par Pierre Demers (EAPD) – dessin par Patrick Demers. Nous reproduisons ce travail avec le plus grand respect.

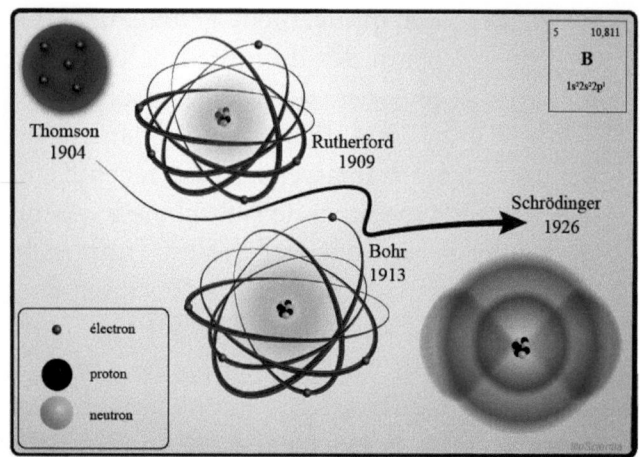

Les premières représentations des modèles atomiques (ici un atome de Bore - numéro atomique 5). Au départ le découvreur de l'électron, Thomson, imagine un "milieu" positif regroupant les électrons négatifs. Rutherford proposera le modèle planétaire avec un très petit noyau positif équilibrant les charges négatives des électrons, puis Bohr formulera le modèle définitif, avec des orbites définies. Ce modèle sera enfin complété en 1926 avec le concept de limite fondamentale à la précision de certaines connaissances (ndlr).
Fichier *Wikipedia Commons*, l'auteur en est "IlluScientia".

Le proton, sous particule chargée électriquement, n'entre pas en considération dans les phénomènes électriques. Sachant qu'il existe un proton pour un électron dans le modèle atomique de Bohr, il y a de quoi s'interroger.

La conscience humaine, comme toutes les autres formes de consciences, se développe en se construisant sur la base d'expériences vécues, assimilées, puis comparées entre elles et surtout partagées et à nouveau comparées avec d'autres consciences, qu'elles soient humaines ou non.
Les schémas ainsi construits donnent des ensembles souvent ressemblant, pour des raisons logiques, les informations construites dans un ensemble limité donnent irrévocablement des schémas comparables.

La psychanalyse a ainsi utilisé la mythologie grecque pour spécifier des schémas comportementaux universels, traversant le temps et les cultures. Divers travaux ont tenté d'expliquer avec plus ou moins de succès des mécanismes permettant de définir les relations et les causes des comportements sociaux. Pendant des décennies et encore à l'heure actuelle, les comportements animaliers sont déconsidérés, seul l'instinct prime. Cet anthropocentrisme nous rappelle que la conscience ne perçoit la plupart du temps que ce qu'elle peut percevoir, ou traiter. Dans le domaine scientifique comme ailleurs, cette constante se vérifie en permanence.

En fait, devant l'obstacle, l'humanité semble se cabrer. De quel autre moyen que l'Akasha la nature peut-elle donc disposer, qui recèle tous les archétypes, pour poursuivre un plan logique sur des milliards d'années, sans jamais s'en détourner ?

Accepter l'idée que la matière n'est qu'un aspect de la réalité est assez convenu, accepter l'idée que la physique, c'est de la biologie ou inversement est extrêmement difficile. Plus encore, la notion essentielle de la conscience qui prédomine en chaque chose est intolérable dans le monde technologique. Elle est pourtant parfaitement perceptible, pour peu que l'on apprenne à percevoir le prana circuler librement dans ces cellules. Il existe déjà des millions de pages écrites, depuis des milliers d'année, sur ce seul sujet.

Car, comment peut-il en être autrement ? La nature ne produit rien durablement par accident, si elle n'est dotée d'aucune forme d'organisation intrinsèque, c'est statistiquement impossible. Tous les éléments, visibles et invisibles interagissent sans aucune interruption. La notion même de mort est une absurdité de ce point de vue, car de la même façon que les dieux procèdent par affinité, la matière procède par affinité.

Tout individu qui aura pris la peine, ne serait qu'une fois, de procéder à la création de quelque chose sait à quel point toute entreprise ambitieuse nécessite des moyens, de la volonté et du temps. Tout cela ne pouvant opérer que mus ensembles par une intelligence et une volonté.

Et la Vie serait un accident ?

On trouve dans le vide spatial les assemblages chimiques précurseurs de la Vie. Comment se fait-il que ce ne soit pas plutôt des assemblages toxiques, stérilisants, destructeurs telles les calamités tombant du ciel que l'on y découvre ?

Comment se fait-il que l'évolution n'ait pas abouti finalement à la domination écrasante d'une espèce végétale et d'une espèce animale au détriment de toutes les autres, si effectivement la loi du plus fort est celle qui fait foi ? Tout au contraire, c'est la variété des espèces qui fait loi.

Par exemple, l'extrême adaptation de certaines espèces telles le Jaguar (ou Cougar) à tous les environnements des deux Amériques lui a permis d'établir un règne sans partage sur une tranche des prédateurs, et non pas sur toutes les tranches. De même, les aptitudes d'apprentissage des abeilles n'ont pas fait d'elles les seuls insectes pollinisateurs.

Chaque espèce vivante correspond à un archétype, et cet archétype est appelé esprit. L'esprit du loup, du cheval, du chêne traversent les siècles et apportent leur enseignement aux peuples dits primitif. Et là encore, l'expression physique est perceptible, pour peu que l'on fasse l'effort d'en respecter les protocoles.

Comment se fait-il que l'évolution n'ait pas abouti finalement à la domination écrasante d'une espèce végétale et d'une espèce animale au détriment de toutes les autres, si effectivement la loi du plus fort est celle qui fait foi ?

Les lois physiques sont déterminantes pour l'ensemble de notre réalité, sous toutes ses formes. Mais la connaissance récente que nous en avons est très largement insuffisante, puisqu'au lieu d'améliorer le biotope, nos actions ont surtout eu pour conséquence de l'endommager, d'en limiter les possibilités.

L'approche rationnelle présente l'immense qualité de son efficacité et plus avant de sa pertinence. Cependant, elle est totalement dépendante de la sensibilité de notre système nerveux. Percevoir la réalité est dans l'approche rationaliste, comme dans n'importe quelle approche confondue avec le fait de concevoir la réalité. Nous avons pensé pouvoir répondre au défi du libre arbitre par la création de notre propre référentiel. Nous tentons plus d'enfermer la réalité à notre niveau de compréhension par une normalisation à outrance, que de nous adapter à une réalité dont les limites peuvent être inlassablement repoussées.

Or, les archétypes répondent à une fonction et agissent de manière invisible, comme le font les bactéries. Cependant, dans le cas des bactéries, les effets sont bien perceptibles. Pour autant, la démonstration est facile à faire avec les bactéries, qu'il suffit d'éliminer ou de cultiver pour en observer les conséquences, alors que les archétypes posent problèmes. Il est en effet à priori impossible d'éliminer un archétype.

Mais il est possible, à contrario, d'en amplifier les effets, car l'augmentation du prana dans un organisme vivant peut en décupler les facultés, et en faire apparaitre d'autres, sous l'effet d'un différentiel dans les échanges entre les concernés. Cette expérience est considérée par certains comme transgressive, alors qu'elle mène logiquement à l'acceptation de la liberté comme responsabilité, et non comme opportunité.

...les archétypes répondent à une fonction...

Les facultés ou potentialité nouvelles qui apparaissent dans ces conditions s'inscrivent toujours un schéma préexistant. Ce schéma est encadré par les archétypes, réunis sous la forme de l'akasha. Il est strictement impossible de fait d'engendrer une quelconque forme de chaos ou de désordre face à un ordre universel rodé depuis des milliards d'années, comme il est impossible de fabriquer du neuf avec du vintage. Seule une limitation des perceptions ou des transmissions, ce qui consiste en un mensonge, peut faire transitoirement croire en un désordre établi. Aucune réalité ne peut être composée d'autre chose que ce qui a prévalu à la matière elle-même, à savoir un ordre logique. Cet ordre logique peut sembler incompréhensible par sa complexité et prendre ainsi l'apparence du chaos, en réalité, il suit toujours un modèle pré-existant. Au mieux, il apporte des variantes, composant ainsi la nouveauté de l'évolution.

Il est intéressant, par l'expérience, de constater que l'amélioration et l'augmentation des facultés permettent l'amélioration de la collaboration entre les êtres vivants. L'augmentation de l'énergie se complète par l'augmentation de la structure. Mais les deux ne vont pas forcément de pair, loin s'en faut. Toute démarche dans ce domaine s'accompagne d'intégration, d'acceptation et de volonté. La grandeur aujourd'hui, sous l'effet d'une libération soudaine, l'échec demain, conséquence de notre inconséquence.

Cette collaboration, en dehors de tout contrat, donne lieu à des observations fortes instructives. C'est ainsi que des espèces végétales, en principe en concurrence, échangent des informations via des processus chimiques dans les systèmes racinaires, afin de défendre le groupe tout entier contre un prédateur.

Les Archétypes

Dans cette figuration du *Christ* (un Tétramorphe à Kom Ombo, en Égypte !), l'ordre Astrologique protège le maître, car le maître en connait et en applique les lois, mais qu'est-ce que l'ordre astrologique, sinon l'ordre logique lui-même ? Ces symboles astrologiques, que l'on retrouve dans la vision d'Ézéchiel, l'Apocalypse et d'autres encore sont aussi là pour rappeler le caractère cyclique et répétitif de la vie. – La vérité vous rendra libre, écrit saint Jean, dans son évangile. L'accès à la vérité, c'est l'accès à l'Akasha. De nombreux témoignages en font état, et les conséquences pour ceux qui l'ont vécu corroborent l'ensemble de cet article. La logique ultime, celle qui permet d'accéder à l'ensemble des archétypes est celle-ci : Vouloir grandir signifie vouloir perdre, et pour cette raison, heureux les simples, le royaume des cieux leur appartient. Vouloir vivre signifie vaincre la mort, donc la rencontrer. Fichier *Wikipedia Commons*, l'auteur en est "Marimarina".

Il n'existe jamais rien de nouveau sous le soleil, mais l'étendue de ce que l'on y perçoit ne connait pas de limite. C'est le sens profond du libre arbitre et de la liberté de l'exercer.

Parmi les archétypes, ceux qui doivent particulièrement nous intéresser, ce sont les archétypes divins. Les esprits de la nature constitue une base fondamentale, sur laquelle nombre de civilisations se sont d'abord établie pour constituer leur panthéon.

En évoluant, et sous l'influence des archétypes que sont aussi les anges civilisateurs, les sociétés antiques ont fini par identifier des puissances organisées immatérielles, ou invisibles à la perception humaine immédiate. Les tentatives d'y trouver un ordre ne datent pas d'aujourd'hui, les moyens de dépasser les limites de la perception humaine non plus.

Les sociétés grecques et romaines ont décrit des mythes, souvent en relation avec les Dieux de l'Olympe, qui ont traversé les siècles. Ces mythes ont été pour partie repris par la psychanalyse pour décrire les comportements humains tels ceux d'Œdipe ou de Narcisse, pour les plus connus. Mais ceux de Thésée ou d'Orphée en disent plus long sur la vraie nature de l'homme, de son désir de s'affranchir de la peur et de la mort, que ceux repris inlassablement pour en décrire les faiblesses et de son prétendu désir de mort. On comprendra sans difficulté que la complexité des tragédies grecques qui donne lieu à tous les drames, trahisons, mensonges et désespoirs, sont autant de rappels de la psychologie humaine.

Ces péripéties bien humaines prennent toute naissance dans une matrice divine, qui organise le monde dans le but de le faire grandir. Dans ces mythologies, la relation entre le divin invisible et immanent en toute réalité, qui se défini comme un ordre supérieur, et l'humain, donne lieu à toutes les vicissitudes du fait essentiellement de l'ignorance des uns et l'irresponsabilité des autres. Les tragédies grecques traduisent parfaitement la condition humaine, mais n'en donnent pas l'issue, car elle n'appartient pas à la littérature, ou à la représentation théâtrale, dans leurs concepts modernes, mais au Philosophe, qui trouve dans les mathématiques et la géométrie une logique à la mesure de son ambition.

Les différents Dieux de l'Olympe, et leur correspondance planétaire donnent une vue d'ensemble des qualités humaines qui vont permettre une résonnance totale avec le monde réel, visible et invisible à l'œil organique.

La structuration des qualités et leur répartition équilibrée s'oppose à la libération des pulsions incontrôlées, source de tous les travers et erreurs qui nous conduisent aujourd'hui vers une catastrophe tellement éminente, qu'elle finit par être espérée par les plus nihilistes, comme si du chaos pouvait jaillir un nouvel ordre. Il n'existe aucun chaos, seulement une incompréhension d'un ordre trop complexe, faute de sensibilité ou d'intelligence.

La construction de la vie ne doit rien au hasard. L'intelligence règne partout, soit on la respecte et l'on grandit vers l'archétype absolu, soit on décrète que la réalité doit se conformer à notre niveau de compréhension, et l'échec inlassablement réduira tous les efforts à néant. Il sera toujours temps alors, comme si souvent on peut le voir, d'invoquer la fatalité plutôt que les dieux, afin d'établir notre impuissance sur nos propres existences.

Progresser à travers les archétypes, c'est en concevoir une finalité, un absolu.

L'archétype final, celui qui réunit tous les contraire en les dépassant, c'est le Logos, le Verbe, le Christ. L'homme réintégré, que la logique et l'humble perception du monde ont libéré. La projection de la conscience dans la réalité n'est pas nécessairement une erreur, ou une faute. Mais dans tout domaine il existe une règle imparable, la logique.

Ce n'est pas sans logique que les symboles des quatre évangélistes (aigle, taureau, ange et lion) qui entourent le christ sont les mêmes que celles des gardiens du Dieu Horus, le fils de la vierge divine Isis. Ces symboles sont astrologiques. L'aigle est l'ancienne représentation du scorpion, l'ange correspond au verseau. Ces principes sont tellement anciens, qu'il n'est pas réellement possible d'en spécifier l'origine avec certitude.

Yves Le Maître

CRITIQUES LITTERAIRES

OVNI l'extraordinaire découverte
JP PETIT, JC BOURRET
Guy Tredaniel éditeur - 2017

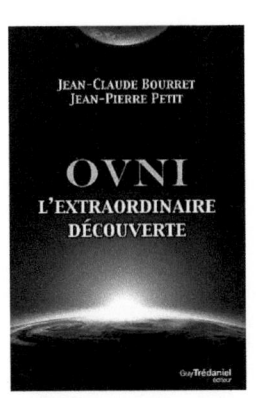

Construit comme un entretien entre les auteurs, Jean Pierre Petit raconte les faits nombreux et assez peu glorieux qui ont permis l'éviction de progrès techniques majeurs, tout en maintenant la mainmise servant les ambitions de quelques uns sur l'ensemble de la communauté scientifique.

Comme dans le monde politique, la médiocrité des plus nombreux sert les intérêts des plus cyniques.

Il n'est donc pas question ici de s'émerveiller de la présence des OVNIS ou de leurs occupants, mais bien plus de comprendre par les sciences physiques et mathématiques qu'il est possible de voyager à de très grandes vitesses sur de très grandes distances, et qu'il est donc raisonnable de construire un réseau d'information visant à répertorier de façon rationnelle les passages d'OVNI.

Jean Pierre Petit explique cela brillamment et invite le lecteur à participer à un projet novateur et ambitieux.

Le pragmatisme et la vision sont réunis, au service du lecteur.
Yves le Maître

L'Energie Spirituelle
Henri Bergson
Petite Bibliothèque Payot - 1919

Ce livre a 99 ans et figure ici pour bien préciser qu'en dépit de son titre trompeur, qu'on pourrait penser relié au thème de ce numéro, il ne traite ni d'énergie, ni de spiritualité. Et en sus cette pensée est très datée (je suis pourtant bergsonnien). On le voit dès le premier chapitre, traitant de la Conscience, malhabile plaidoyer spiritualiste peu doué dans ses registres, vocabulaires, références. Le second chapitre, sur l'âme et le corps, confond âme et esprit, et redit, comme Plotin, que le corps c'est la matière. Pourtant, la mémoire, mise en évidence, fera échapper le discours par le haut.

Le troisième chapitre, consacré aux fantômes, est une conférence donnée à la *Society for psychical Research* de Londres, le 28 mai 1913, et se borne à être un encouragement aux "recherches psychiques" (Bergson s'occupa de Métapsychique). Le quatrième chapitre s'occupe du rêve, c'est une conférence donnée en 1901 ; le premier ouvrage de Freud, paru en 1900, en parlant aussi, Bergson le cite...

Le reste de l'ouvrage traite de l'effort intellectuel, cite les *Principles of Psychology* de William James, assure que la formation du souvenir se produit au moment de l'événement et non après... Le dernier chapitre assure que placer la pensée dans le cerveau est une illusion philosophique (n'oublions pas qu'à l'époque, on lobotomisait déjà des poulets pour montrer que le cerveau, c'était Tout, et rien que ça).
Charles Imbert

Enquête sur 150 ans de Parapsychologie
Renaud Evrard
Editions Trajectoire - 2016

Cet important ouvrage est un livre de référence qui devrait faire date et servir de base par les qualités de ses faits et enquêtes.

Veuillez noter que Renaud Evrard s'est soucié de produire approches et références pour rester recevable par des esprits scientifiques. Ce travail est donc mené au cordeau, sans aucune complaisance au mal fondé. Certes, si vous êtes médium et savez ce que vous voyez – sans confondre avec la (clair)voyance –, et que votre perception pour vous est preuve, des pages ici vous sembleront superflues. Mais l'ensemble est précieux et précis.
Michel Barster

CHARTE DES CONTRIBUTEURS

Un Temps est constituée d'articles spécialement rédigés dans le cadre des thèmes annoncés. La participation d'auteurs extérieurs peut s'accepter sans que quiconque se voie associé ou impliqué.

I Contributions

1 – Tout être humain peut contribuer à Un Temps en proposant des textes ou des images, réputés non sollicités ou commandés, dans le respect des autres contributeurs, et de l'image de la revue. Il ne devra pas être introduit de mensonge, basse propagande, ou expression contraire aux Lois, coutumes, us et politesses (liste non limitative). Si malgré la vigilance, l'attention et la censure responsable du Comité de Rédaction de Un Temps, des contenus litigieux venaient à être publiés, leur auteur en resterait seul face aux conséquences, la rédaction ne s'associant pas forcément à la défense d'opinions externes gentiment publiées.

2 – Chaque texte est soumis au Comité de Rédaction qui vérifie l'application des présentes consignes. Le Rédacteur en chef pourra demander aux auteurs d'éventuelles corrections.
Dans un souci de cohérence, chaque article pourra être présenté, voire commenté, par l'équipe rédactionnelle.

3 – Le Comité de Rédaction détenant toute Autorité (mot bâti sur rite, voulant dire mise en ordre, et auto, c'est nous) sera Souverain Décideur sans appel sur les contenus proposés et n'aura pas à motiver ses refus Soyons d'abord bien d'accord.

4 – Les contributions peuvent se faire sous forme d'article ou de rubrique. Il existe quatre sortes de contenus :
a) Les Articles de fonds en rapport avec le thème du numéro, en général annoncé dans le(s) n° précédant(s).
b) Les petits textes critiques entrant dans la rubrique Actualité et la rubrique Critique Littéraire.
c) Sur demande, une parution à la section « Expression libre » (qui peut accueillir les avis, articles et critiques d'invités)
d) Des Interviews de personnalités culturelles notables ou représentatives du mouvement des idées.

II Spécifications techniques

5 – Il est impératif de respecter la longueur imposée des articles :
8.000 à 30.000 signes, espaces compris, pour les articles,
5.000 à 10.000 signes, espaces compris pour les rubriques.
Chaque longueur sera précisée en concertation, en fonction du contenu prévu du numéro.

6 – Les images devront être adressés dans un dossier séparé, avec une définition de 300 dpi (pixels par pouce, traduction de dot per inch –dpi). Elles devront indiquer la source et l'auteur du document. Sachez qu'une copie mécanique reste une copie et que le Droit tolèrant de moins en moins les abus de copies, une image non libre de droits sera refusée.

7 – Les délais de remise des textes sont impératifs car ils engagent toute la chaîne de fabrication. Tout article non parvenu à temps dans les délais annoncés s'expose à ne pas être publié.

8 – Chaque texte doit être signé, daté, envoyé à Eclosion, à l'adresse : postmaster@eclosion-shop.fr sous forme de fichier PDF ouvert avec indication claire des places des illustrations, chapeaux, inters, éléments souhaités. Le cas échant, le format Word97 ou le texte de mail brut suppléeront.
Les mots en majuscules, les doubles espaces, doivent être évités. Les citations doivent être entre guillemets.
Des intertitres sont souhaitables pour faciliter la lecture et relancer l'intérêt. Au cas où ils ne figureraient pas, la Rédaction se réserve le privilège d'extraire des portions de texte pour en créer des inters.
Une bibliographie succincte peut être jointe. Chaque citation ou renvoi d'ouvrage doit être sous la forme consacrée par les usages : *Prénom de l'auteur, nom, titre de l'ouvrage en italique, éditeur, lieu et année de parution.*

Un article ne respectant pas ces points risquer de passer après un article les respectant (ou de ne pas passer).

III Obligations

9 – Eclosion, le label sous lequel est publié Un Temps, enverra à chaque contributeur un exemplaire de la revue dès qu'elle sera disponible.

10 – Chaque contributeur pourra d'acquérir jusqu'à 30 exemplaires de la revue à prix de réserve + frais d'envoi (voir avec Eclosion pour ces points), et fera son affaire de la revente et de

l'écoulement desdits exemplaires, sachant qu'il est indiqué un prix de vente public de 12 €. Tout exemplaire en sus de ces 30 exemplaires sera facturé 9€ au contributeur.

11 – Chaque contributeur externe accepté et publié aura droit à un espace libre d'une demi-page pour une publicité pour ses œuvres, ouvrages ou proclamation(s). Hélas, l'odieuse censure du Comité de Rédaction sera là aussi prépondérante et capable de refuser un contenu. Au bout de trois refus de contenu, l'espace libre sera réputé avoir été consommé, en même temps que la patience des censeurs. Il convient donc de bien s'entendre, et d'être de bonne foi, avant de se lancer dans toute démarche risquant d'aboutir à une impasse.

IV Bon goût

Responsabilité

12 – L'expression des auteurs est libre, donc mature et responsable. Les textes doivent s'inscrire dans l'esprit du thème et dans les limites du sujet traité.

En cas de désagrément et volonté de réagir contre un article publié dans la revue, il sera offert au contributeur froissé une possibilité de courte réponse exprimant son désaccord motivé, une fois et une seule, sous la forme d'un texte de réponse n'excédant pas une demi-page de la revue. Tout désaccord supplémentaire devra être réglé directement entre contributeurs. Le cas échéant, la rédaction se réservera le droit de publier une mise au point concluant sur le débat.

En cas de répétitions ou de redondances, aléatoires et indépendantes des volontés, chaque contributeur devra faire son affaire des éventuelles démonstrations d'antériorités ou discordes.

Censure immonde

13 – Tout article proposé peut être victime d'un refus définitif, même après concertation(s) sur la modification d'un point litigieux. L'indisposition totale d'un des responsables de la revue peut aussi être un cas de censure sans appel. Au cas où il y aurait eu promesse que l'article passera, et qu'il ne passe pas, le contributeur déçu en fera son affaire personnelle.

Niveau

14 – La première qualité d'un auteur est d'être compris par ses lecteurs. Ce souci de clarté doit inciter à rechercher la simplicité dans le style et dans les mots. Même si le succès vient couronner une publication, ceci n'ouvrira pas droit à lancer des ukases, exiger, dicter; se prendre pour un Directeur quelconque ou laisser peser ou menacer des comportements de star.

Sérieux

15 – Les exposés compilateurs et recopieurs arides ne sont pas du tout encouragés. Les erreurs, volontaires ou involontaires, ne déclencheront pas l'amusement de qui que ce soit. La réflexion personnelle, le témoignage, le ressenti et la prise de position mesurée sont toujours préférables à la citation d'Internet, et de sites qui pompent et se recopient déjà assez eux-mêmes. Ainsi, l'emploi du « je » est encouragé mais non exigé.

Citations – Icônographie

16 – Toujours tenter d'attribuer les sources et précédents à leurs auteurs. Réaliser ou faire réaliser ses propres schémas. Pensez à votre propre crédibilité et réputation.

Tolérance

17 – Les contributeurs accepteront qu'Eclosion, structure éditrice de Un Temps, prenne des pages de publicité dans la Revue et y étale des réclames pour les ouvrages qu'elle édite ou les contenus qu'elle publie ou fait paraître sur quelque support que ce soit.

V Propriété

18 – Comme pour de très nombreuses revues aux contributions bénévoles, chaque contributeur doit et est censé savoir que sa contribution est gratuite, et qu'il cède à Un Temps et à Eclosion ses droits sur ses textes et images pour reproduction et exploitation, à l'exemple de ce que font les autres contributeurs de la revue (et de ce qui sefait par usage).

19 – Un Temps et Eclosion pourront reprendre des articles, textes, extraits, pour les republier dans des recueils, anthologies, publicités, de nature à assurer le succès de la revue et de sa publication.

VI Réserve

20 – Toutes dérogations pourront être apportées et stipulées à cette charte par Contrat, dûment rédigé et passé entre le Contributeur et Un Temps et Eclosion, ce Contrat prenant le pas sur les présentes stipulations.

21 – Cette charte pourra être révisée sans préavis, celle publiée dans le n° à la date de son bouclage technique devenant valide à la place de la précédente.

Le Comité de Rédaction de Un Temps.